습지에서 인간의 삶을 읽다

발품으로 쓴 습지와 역사 이야기

습지에서 인간의 삶을 읽다

김훤주 지음

차례

프롤로그 • 10

01. 사천만갯벌
매향비에서 격납고까지
경남 갯벌의 절반이 사천에 • 18
경남에 셋뿐인 조선시대 조세 창고 • 19
지금껏 서 있는 석장승 네 쌍 • 21
민중의 미래세상 염원을 담은 매향비 • 23
일제강점기 비행기 격납고 • 24
지구의 역사 새겨진 대섬 • 27

02. 창원 주남저수지
일제강점기 피땀 어린 근대농업유산
저마다 다른 산남·주남·동판저수지 • 32
붓과 옻칠이 출토된 다호리고분군 • 34
일본 연초왕 무라이가 만든 저수지 • 36
근대농업유산 주남저수지 • 38

03. 논 논두렁 봇도랑 둠벙
노동과 추억이 공존하는 생명터
고달픈 노동의 산물 • 46
100년 전 낙동강 하류 일대는 • 48
논에 생물이 많은 까닭 • 50
논두렁·봇도랑·둠벙 • 52
논에 어린 정서와 문화 • 55

04. 옛적과 오늘날의 인공습지
백성 피땀 담긴 저수지, 생명을 일구다
밀양 수산제 돌수문 • 60
진주 강주연못 • 64
일제가 만든 저수지들 • 67
요즘은 수질 정화용이 대세 • 71

05. 배후습지의 전형
진주 장재늪·서원못·연못 일대
남강이 만든 배후습지의 그윽한 풍경
작지만 전형적인 배후습지 • 76
배후습지가 낳은 홍수 관련 설화들 • 78
비운에 간 조지서를 위한 신당서원 • 82

06. 창녕 우포늪
'어우러져 살아라' 토평천이 낳은 교훈
'국내 최대 내륙습지'의 함의 • 88
신당마을에 남은 독특한 기와집 • 91
'물슬천', 그리고 '우포'와 '누포' • 93
'팔락정'과 '가항' • 95
으뜸 쓰임새는 인간이 얻는 위로 • 97

07. 마동호갯벌
역사·문화유적·생태계 모두 풍성한 보물창고
해방 이후 전국 최초 간척 • 102
생김새 독특한 거산리지석묘 • 104
경남 최대 규모 갈대밭 • 106
지구의 역사를 켜켜이 담은 암석 • 109
'마'암면과 '동'해면에서 따온 마동호 • 110

08. 검포갯벌
장구한 역사 속 겹겹이 쌓인 '삶의 흔적'
작은 가야? 쎈 가야! • 114
고성반도의 고대 중개무역 • 115
수문장들의 유택 내산리고분군 • 116
중세의 마을숲과 현대의 금강중공업 • 118

09. 사라질 뻔했던 마산만 봉암갯벌
다양한 생물 삶터로 경남 연안 첫 습지보호지역
갖은 욕설 내뱉던 개발업자 • 124
마산만에 남은 마지막 숨구멍 • 125
물고기조차 살지 못했던 마산만 해역 • 128
도심 속 생태교육 현장 • 129
면적 적어도 사는 생물 많은 갯벌 • 131

10. 매립과 보전이 맞서는 갈등의 광포만
사천만 잿빛 대지에 피어난 생명의 보고
1999년 새로 생겨난 지명 • 136
사천만 매립과 광포만 • 138
대추귀고둥이 지킨 갯벌 • 140
우리나라 제일 넓은 갯잔디 군락 • 141

11. 김해 화포천습지
노무현 대통령을 길러낸 넉넉한 들녘
빼어난 습지 경관 • 148
광주 노씨 김해 입향조의 모정비각 • 151
고향으로 돌아온 최초·유일 대통령 • 153
대한해협을 건너온 황새 봉순이 • 153
호미 든 관음보살 두 분 • 157

12. 인공 남강댐에 생겨난 자연 습지들
사람 발길 끊기니 물총새 둥지로 물풀 고향으로
남강댐=진양호의 역사 • 162
상습 수해 지역 진주 • 163
인공댐에 들어선 자연 생태 • 165
대평·사평·금성·완사·오미·까꼬실의 습지들 • 167
대평리 신석기시대~삼국시대 유적 • 173

13. 고지를 지나 바다로 가는 가화천 물길
인간사 희로애락 담고 산을 넘는 남강 물길
낙남정맥을 넘어 사천만으로 • 176
220년 전에도 있었던 방수로 뚫자는 주장 • 179
진주 유수리 백악기 화석 산지 • 180
가화천 일대 사람살이의 자취 • 181
사천만에 미친 악영향 • 184

14. 함안 성산산성과 아라홍련
700년간 작은 씨앗 품은 생명의 어머니
가야 옛터 함안 성산산성 • 188
쓰레기로 버려졌던 목간 • 190
산꼭대기에서 나온 연씨 • 192
함안천과 무진정 • 193

15. 함안 연꽃테마파크와 옥수홍련·옥수늪
대접받아 마땅한 토종 연꽃의 1100년 고향
옛 습지에 들어선 새 습지 • 198
1100년 전 그대로 옥수홍련 • 199
옥수홍련의 초라한 고향 • 201
우리나라 연근 최대 산지 함안 • 204

16. 창녕 용지
수많은 애환 말없이 보듬은 산정 억새평원
의병장 곽재우와 창녕 화왕산 • 208
산정습지에서 출토된 호랑이 머리뼈 • 211
억새 태우기 놀음의 참극 • 213
생명들 보금자리 억새평원 • 214

17. 양산 영축산 단조늪
1000m 고원에 어린 옛 사람들의 고단한 몸부림

우리나라 최대 규모 고산습지 • 220
지역민들 생계 잇던 터전 • 223
옛 모습 그대로 단조성 • 225
단조성이 고마운 단조늪 • 228

18. 양산 천성산 화엄늪
원효스님 화엄벌 전설과 KTX 원효터널의 공존

한국 불교의 성지 화엄벌 • 232
한국 불교의 자존심 원효 • 235
화엄벌과 화엄늪의 상생 • 237
공군부대 떠난 자리 원효늪 • 239

19. 밀양 재약산 사자평
아름다운 억새 물결도 역사의 아픈 흔적

재약산과 재약산 • 246
신령스러운 우물과 사자평 • 247
한 때 크게 다쳤던 습지 • 248
버드나무와 진퍼리새 • 251
손바닥만 한 고사리분교 • 254
일제가 스키장 만들려다 생겨난 억새밭 • 256

20. 창녕 비봉리 패총
태풍 덕분에 세상에 나온 8000년 전 사람살이

태풍 매미의 악몽 • 260
비봉리 양·배수장 유수지 • 260
창녕비봉리패총전시관 • 265
습지의 원형과 인간 삶의 바탕 • 267
낙동강 둘레가 두루 편한 삶터 • 269

에필로그 • 270

프롤로그

습지 하면 사람들은 대부분 전라도 순천을 가장 먼저 떠올린다. 순천만을 관광자원화하면서 습지를 이미지화하는 데 성공한 덕분이다. 하지만 경남에 습지가 많다는 것은 정작 경남에 사는 사람들도 잘 모른다. 창녕 우포늪-소벌과 김해 화포천습지 등을 아우르는 내륙습지, 사천 광포만과 하동 갈사만 등 연안습지, 그리고 산지습지인 밀양 재약산 사자평과 양산 천성산 화엄늪 등등 경남은 그야말로 습지 부자라 해도 지나치지 않다.

이들 습지에 관한 이야기를 풀어낸 〈습지와 인간-인문과 역사로 습지를 들여다보다〉를 펴낸 지 올해로 10년이 되었다. 2008년 10월 경남 창원·창녕에서 람사르협약 제10차 당사국총회가 개최되는 데 맞춰서 펴낸 책이었다.

2000년대 중반만 해도 습지와 관련된 저술은 거의 전부가 습지 자체에 초점이 맞추어져 있었다. 습지가 얼마나 생명력이 높은지와 얼마나 멋진 풍경을 품고 있는지를 보여주는 사진과 글이 대부분이었다. 물을 얼마나 많이 머금는지, 오염물질을 얼마나 많이 걸러내는지, 기후 조절 효과가 얼마나 되는지 등도 자주 등장하는 거리였다.

그러나 조금만 생각해보면 인간의 삶과 습지를 분리하는 것은 불가능한 일임을 어렵지 않게 짐작할 수 있다. 습지에 다양한 생명체가 살고 있기 때문이다. 그래서 습지에는 수많은 세월 인간이 새겨놓은 흔적이 남아 있다. 인간이 습지와 교섭해온 과정은 역사가 되고, 습지와 교섭하면서 만들어진 생활양식은 사회문화가 되며 습지와 함께하면서 이룩된 문물은 인문이 되는 것이다.

〈습지와 인간〉은 습지의 외형과 속성을 다루는 데서 그치지 않고 인간과 습지가 어떻게 관계 지어왔는지, 그 결과 어떤 흔적이 남았는지를 찾아 따라가 보려고 했다. 우리나라에서 가장 오래된 습지 유적인 창녕 비봉리 유적에서 창원 주남저수지에 이르기까지 경남의 여러 습지가 대상이었다. 나름대로 새로운 관점과 내용을 담으려고 애를 썼고 그 덕분에 삮으나마 관심과 호응을 얻을 수 있었다.

그러나 돌이켜보면 아쉬움이 적지 않다. 1960~70년대 회고담을 섞어가며 재미를 만들어내려고 했지만 새로운 내용이 별로 없었다. 주남저수지를 보기로 들자면 다호리고분군과 천연기념물 음나무군, 주남돌다리를 다루었는데 그것들은 이미 당시에도 습지 관련으로 두루 인정을 받고 있었다. 말하자면 알려지지 않은 역사나 숨어 있는 유적을 찾아내지 못한 게으름이 있었음을 반성하게 된다.

〈습지에서 인간의 삶을 읽다〉는 개인적으로 보자면 습지에 대한 개안의 시작이었다. 눈이 조금이나마 새롭게 열리고 나니까 전에는 보이지 않던 것들이 보이기 시작했다. 옛날에는 주남저수지를 보면 주남저수지만 보였다. 바로 옆에 벼이삭이 넘실대는 논은 제대로 보이지 않았다. 오래 전부터 거기에 원래 모습 그대로 있어 온 자연으로만 여겼던 것이다.

　그런데 그게 범람과 역류라는 낙동강 본류의 엄청난 에너지를 인간이 도저히 제압할 수 없었던 1900년대 이전에는 거의 황무지였음을 알게 되자 호기심과 궁금증이 무궁무진 이어졌다. 일제 강점과 동시에 일본 연초왕 재벌 무라이 기치베에가 일대를 차지했다는 자료를 통해 창원 대산과 김해 진영 일원에서 주남저수지를 축조하고 광활한 저습지를 농지로 개간했다는 사실을 알게 되었다. 그러자 주남저수지 둘레의 습지 관련 유물들이 제대로 눈에 들어오기 시작했다.

　경남에는 갯벌도 풍성하다. 사천의 종포·대포 갯벌이 얼마나 넓은지 저녁노을이 얼마나 근사하게 지는지 아는 이가 드물다. 사천의 항공산업도 알고 보면 일대가 갯벌이 아니었으면 가능하지 않았다고 말하면 사람들은 고개를 갸웃거린다. 갯벌과 비행기가 도대체 무슨 관계가 있지? 하지만 조금만 생각해보면 쉽게 알 수 있는 일이다. 비행기가 뜨고 내리려면 넓고 트인 개활지가 필요하다. 일제가 1940년대 군용 비행장을 사천에 지은 까닭이다.

사천강 기슭 들녘에는 그 때 지은 콘크리트 격납고 한 채가 마치 무덤처럼 덤덤하게 서 있다. 비행장을 닦고 격납고를 짓는 과정에서 수많은 식민지 백성들이 강제 부역을 했을 것이다. 갯벌에 새겨진 아픈 역사가 지금의 화려한 '항공산업의 메카'라는 이름 이면에 깔려 있는 것이다.

습지의 베풂에 안기는 수동적인 모습보다는 인간이 목적의식을 갖고 습지를 경영해 나가는 능동적인 모습도 인상적이다. 창녕 화왕산성과 함안 성산산성, 양산 영축산 단조늪의 단조성 등의 경우 산꼭대기를 돌로 두른 산성과 내부 구조들은 그 안에 있는 습지를 능동적으로 활용한 결과물이다.

람사르협약 습지 규정을 따르면 남강댐 또한 엄연히 습지지만 10년 전에는 거들떠보지도 않았다. 인간이 습지를 망친 사례로만 여겼기 때문이다. 남강댐이 과연 나쁜 결과로만 남았을까? 남강댐 덕분에 시시각각 모습을 바꾸며 새롭게 형성되고 있는 습지도 있었고 깨끗하게 원형을 되찾아 가고 있는 습지도 있었다. 자연과 인간의 공존이 어떻게 이루어지는지를 잘 보여주고 있는 것이다.

이렇듯 〈습지에서 인간의 삶을 읽다〉는 한 걸음 더 가까이 다가가서 들여다본 습지와 인간의 삶에 관한 이야기라 할 수 있다. 학창시절에 우리는 문명이 물가에서 시작했다고 배웠다. 물이 인간의 삶과 얼마나 밀접한지도 잘 알고 있다. 하지만 그런 사실을 습지와 연결시키는 사람은 그렇게 많지 않다. 습지가 무엇일까? 이 질문에 많은 사람들은 우포늪이나 화포천의 풍경 정도를 떠올린다. 농사짓는 논, 어디서나 볼 수 있는 저수지와 도랑, 강가나 해변의 모래사장도 습지라는 생각을 잘 하지 못하는 것이다.

　이번에 습지 관련으로 두 번째 책을 내면서 대단한 지식 따위를 전달해야겠다는 욕심을 줄였다. 전문가가 보면 내가 갖고 있는 습지에 대한 지식이 얄피한 아마추어 수준이라는 것을 잘 알 수 있을 것이다. 독자 여러분께 이 책이 그저 습지가 무엇인지 습지와 인간의 삶이 어떻게 연결되어 있는지 그리고 습지와 함께 잘 살아갈 수 있는 방법이 무엇인지

한 번 생각해볼 수 있는 기회가 된다면 보람은 충분하다고 여긴다.

〈습지에서 인간의 삶을 읽다〉는 경상남도람사르환경재단의 지원을 받아 2017년 한 해 동안 경남도민일보에 연재한 '습지 문화 탐방'이 바탕이다. 그 위에서 2018년 추가 취재를 통하여 적지 않게 보완 수정했다. 개안은 자력으로 할 수 있는 것이 아니었다. 〈습지와 인간-인문과 역사로 습지를 들여다보다〉를 쓸 때 현장 여기저기를 데리고 다녀주신 정대수·윤병렬·윤미숙·김덕성·이종훈·전원배·이현주·조경제·육근희·이종명·이상용·이수완·권용협·최상철님이 선생님이셨다. 이제 고인이 되신 이상길 경남대학교 사학과 교수님의 가르침은 특히 컸다. 이번에는 정우규·유장근·홍중조·배성동·윤병렬·김덕성·이찬우·김순재님에게 고마운 도움을 많이 받았다. 책에 실수나 잘못이 있다면 모두 내 탓이다. 거침없이 꾸짖고 속시원히 바로잡아 주시기 바란다.

2018년 11월 김훤주

1. 사천만갯벌

매향비에서 격납고까지

경남 갯벌의 절반이 사천에

갯벌이라 하면 어디가 가장 먼저 떠오를까? 이런 질문을 받고 사천이라고 선뜻 답하는 경우는 별로 없다. 같은 경남에 사는 사람도 마찬가지다. 대부분 전남 순천만이나 서해안 쪽 신안·무안 일대를 떠올리기 십상이다.

하지만 사천은 드넓은 갯벌의 고장이다. 경남 갯벌의 절반이 사천에 있다 해도 틀리지 않다.

물론 사천만의 동쪽 부분인 사천읍·사남면·용현면 일대 갯벌이 매립되어 산업단지가 되면서 사정이 조금 달라지기는 했다. 하지만 광포만까지 포함하여 사천만의 서쪽 부분은 대부분 그대로 살아 있다. 동쪽 또한 다치기는 했어도 꿋꿋이 살아남았다. 선진리~주문리 갯가는 이른바 '실안노을길'에서 가장 빛나는 길목이다.

남강댐에서 가화천을 통해 쏟아지는 초당 최대 3250t의 물줄기가 사천만 갯벌을 작지 않게 망가뜨리긴 했지만, 잘피 우거진 사천만이 물고기 산란장 기능을 전혀 못할 지경까지 이른 것은 아니다. 남해안 수산자원 형성에 여전히 이바지하고 있다.

마을 사람들에게 사철 마르지 않는 고방庫房이고 자식들 공부시키는 돈줄이 되어 주었던 사천만 갯벌은 이제 다함께 어우러지는 어른과 아이들의 놀이터가 되었다. 사천만에 깃들인 풍성한 역사·문화는 또 그렇게 이어지고 있는 것이다.

경남에 셋뿐인 조선시대 조세 창고

1760년 설치된 조창漕倉 가산창은 가화천이 바다를 만나는 어귀(축동면 가산리)에 있었다. 1660년 축동면 구호리에 들어섰던 장암창이 100년 만에 이리로 옮겨오면서 이름을 바꿨다. 옛적 조세로 거둔 곡식·면포와 특산물을 모아두는 창고였다. 관할 지역은 사천·진주·곤양·하동·단성·남해·고성·의령이었다. 조세물품은 임금이 있는 서울로 옮겨졌다. 그래서 조창은 강가나 바닷가에 들어섰다.

경남에는 조선 시대 조창이 셋 있었다. 사천(당시는 진주)의 가산창과 마산(당시는 창원)의 마산창은 바닷가에 있었고, 밀양의 삼랑창은 강가에 있었다. 육로와 수로가 두루 좋아 물품을 끌어 모으기에 안성맞춤이었고 남해안·서해안을 거쳐 한강 하구까지 오가는 바닷길과도 곧바로 이어졌기 때문이다. 가산창은 옛적 사천만이 사람과 물자가 모이고 흩어지는 교통의 핵심이었음을 일러준다.(사천만에는 고려시대에도 조창통양창이 있었는데 지금 용현면 선진리 일대다)

사천만은 전통시대 훌륭한 항구였다. 이렇게 얘기를 하면 지금 사람들은 대부분 고개를 갸웃거린다. 얕은 사천만 바다에 커다란 배가 드나드는 것을 쉽게 상상할 수 없는 것이다. 이런 의문은 남강댐 방수로에서 한 자락 풀린다. 가화천을 통하여 들어오는 방류수가 그 내만內灣 중선포천·사천강 등의 물길을 막자 덩달아 떠내려 오던 모래와 흙 또한 빠져나가지 못하고 가라앉았다. 옛날에는 여기 바다가 지금보다 깊었다는 뜻이다. 의문의 다른 한 자락은 선박 동력의 변화가 풀어준다. 바닥이 뾰족하고 물에 깊이 잠기면서 모터로 프로펠러를 돌리는 요즘 배는 밀물·썰물 차이가 적고 물이 깊어야 좋다. 하지만 바닥이 편평하여 깊이 잠기

사천만갯벌.
옛날에는 이렇게 갯벌이 너르고
조수간만 차이가 클수록 좋은 항구로 대접받았다.

지 않고 노·돛이 동력인 옛날 배는 달랐다. 밀물·썰물 차이가 크고 깊지 않아야 좋았다. 그래야 밀물 때 육지 쪽으로 깊숙이 들어갈 수 있었다. 사천만이 그런 조건을 갖추고 있었던 것이다.

지금껏 서 있는 석장승 네 쌍

조창은 가까운 고을에서 곡식과 면포와 특산물을 끌어 모았다. 재물이 모이는 장소에는 사람 또한 끓게 마련이다. 사람이 끓으면 일거리가 늘어나고 놀이도 생겨난다. 일과 놀이가 벌어지는 데서 역사와 문화가 만들어진다. 가산창은 가산오광대라는 놀이를 낳았고 마을 앞에다 돌장승도 세웠다. 지금 가산리 석장승이라고 하는 돌장승은 처음에는 가산창 수호신이었다.(관립)

뱃길에서도 조창에서도 크고 작은 사고는 끊이지 않았다. 석장승을 세워두고 뱃길도 평안하게 해주고 조창도 지켜 주십사 빌었던 까닭이

사천가산리석장승.
아래 제사지내는 자리에 초가 한 자루 세워져 있다.

다. 갯일 뱃일이 언제나 편하고 안전하기만 하면 장승을 세우고 무사안녕을 빌 까닭이 없었다. 때로는 목숨까지 걸지 않으면 안 될 정도로 위험했기에 이렇게 신상을 세우고 기댔던 것이다. 그런데 조정에서 세운 가산창이 1895년 없어진 뒤로도 석장승은 남았다. 이번에는 마을의 수호신으로서 동네를 지켜주고 고기를 많이 잡게 해주십사 비는 대상으로 섬김을 받게 되었다.(민립)

 석장승은 지금도 여기 사람들 마음속에 신앙의 대상으로 자리를 잡고 있다. 석장승 앞에 촛불을 켜놓고 북어를 진설하고 막걸리를 뿌리며 제사를 올리고 기도를 드리는 것이 끊어지지 않는다고 해서만이 아니다. 가산리 석장승은 모두 네 쌍이다. 마을 들머리 언덕배기와 당산나무 아래에 제각각 남녀가 두 쌍씩 있다. 다른 데는 많아봐야 한 쌍이 고작인데 여기는 이토록 많이 있다. 게다가 언젠가 한 쌍을 도둑맞은 적이 있었는데 이를 1980년 새로 만들었다. 믿음이 끊어졌다면 굳이 새로 세울 까닭은 없었을 것이다. 가산리 석장승은 별나게도 생겼다. 보통 장승은 몸집이 크고 눈은 퉁방울이지만 여기 석장승은 문인석상처럼 생겼고 몸집이 작다. 여자 석장승은 머리카락을 둘로 묶은 모양이 도깨비뿔처럼 보인다.

 사천만이 교통요지였음은 남명 조식1501~1572이 지리산 유람 첫 걸음을 사천에서 내디뎠다는 데서도 확인된다. 남명은 지리산을 둘러보고 〈유두류록遊頭流錄〉을 써서 남겼다. 〈유두류록〉을 보면 남명은 1558년 4월 11일 삼가현 외토리 계부당鷄伏堂을 떠나 진주 자형 집에서 사흘을 묵었다. 그런 다음 15일 사천만에 와서는 축동면 구호리 쾌재정 앞중선포(中宣浦)로 짐작에서 배를 탔다. 배는 남해 바다를 거쳐 섬진강으로 들어가 하동 화개까지 거슬러 올랐다.

민중의 미래세상 염원을 담은 매향비

곤양면 흥사리 들판과 산기슭이 만나는 언저리에 사천매향비가 있다. 고려 우왕 13년^{1387년} 세워졌다. 매향^{埋香}·침향^{沈香}은 단단하기는 금강석보다 더하고 향기롭기는 그 어떤 꽃보다도 더 진하다고 한다. 이를 흠향하게 될 부처는 현세불^{석가모니}도 내세불^{아미타}도 아닌 미래불^{미륵}이었다. 고

사천매향비.
왼쪽 위에서 아래로 '都計四千一百: 모두 합하여 4100'이라 적혀 있다.

통스러운 백성들에게 희망이란 현실이 아닌 미래에서만 허용되는 것이었다. 고려 말기 민중들은 겹으로 고달팠다. 안으로는 권문세족한테 시달렸고 밖으로는 왜구한테 당했다. 그로부터 벗어나려는 서글픈 비원이 56억 7000만 년 뒤에 일체 중생을 구제하는 미륵불이었다.

〈사천시사〉 437쪽에는 빗돌의 재질이 흑운모 화강암이라 적혀 있다. 하지만 가서 보면 그렇게 믿기지 않는다. 화강암보다 무른 화성암 계열이다. 그래서 새겨져 있는 글자가 세월이 흐르면서 많이 닳았다. 매향의 주체가 중앙의 존엄한 귀족이었다면 사천 바닷가 아무데서나 구해지는 이런 무른 돌을 쓰지는 않았을 것이다. 제목은 '많은 사람이 계를 모아 미륵불 왕생을 기원하며 향을 묻는 글千人結契埋香願王文'이다. 끝머리에는 '모두 합해 4100都計四千一百'라 적혀 있다. 4100이라니, 예사롭지 않은 숫자다. 1425년 나온 〈경상도지리지〉를 보면 당시 곤남군 호구가 210호에 3062명으로 나온다. 매향비가 발견된 지역은 옛적으로 치면 곤남군에 포함된다. 매향을 위하여 금품을 내고 발품을 팔고 조직을 모으고 지식을 보탠 인원이 고을 전체 인구보다 많다. 민중들의 대규모 결집은 지배계급에게는 위력시위로 작용되었을 수도 있겠다.

일제강점기 비행기 격납고

사천에는 경남에 하나뿐인 공항이 있다. 사천공항이다. 사천은 '항공산업의 메카'를 꿈꾼다. 사천만 갯벌을 매립하고 들어선 산업단지들도 대부분 항공 관련이다. 여기에는 일제강점기 중선포천과 사천강 사이 사천읍 수석리 일대에 군용 비행장을 건설하였다는 사실이 깔려 있다. 〈사천 항공 63년사〉(2016년) 16쪽은 이렇다.

"1939년 일제는 중일전쟁과 태평양전쟁을 수행하기 위해 사천평야에 군용 비행장 건설에 들어갔다. 1945년 8월 15일 일본군은 사천비행장에 전투용 항공기를 비롯한 각종 군수물자를 버려둔 채 물러났다. 사천비행장은 거의 마무리

밖에서 바라본 비행기 격납고.

비행기 격납고 안에서 내다본 모습.

단계였다."

〈사천시사〉(2003년)의 1552쪽 기록은 이렇다.

"사천비행장은 일제가 1940년대 초에 건설을 시작하여 마무리 단계에서 패망으로 철수하게 되었는데 당시에는 경폭격기와 연습기가 비행장에서 활공을 하였다는 지역 촌로들의 진술을 들을 수 있으나 자세한 기록은 없다."

격납고格納庫는 비행기를 감추어두는 건물이다. 일제강점기 지어진 격납고가 사천에 아직도 남아 있는 줄은 이번에 처음 알게 되었다. 윤병렬 환경과 생명을 지키는 전국교사모임 대표와 함께 정동면 예수리를 찾았다가 보았다. 성황당산 북쪽 기슭을 사천강으로 이어주는 논배미 옆에 있는데 위로는 호박덩굴이 기어오르고 있었다. 콘크리트 두께는 20cm쯤 되었다. 몇 군데 금이 나 있었지만 철근을 섞어 만든 때문인지 전체적으로 튼튼해 보였다. 지름이 20m 남짓 되는 납작한 반원형이었다.

비행기가 드나들었을 뒤쪽은 너비가 10m 안팎, 높이가 3~4m였다. 앞쪽은 좁고 낮아서 너비가 5m 안팎 높이가 1m 남짓이었다. 지번을 확인하니 예수리 180-2였다.

깊은 산중에 있지 않고 집과 논에 붙어 있는 것으로 보아 당연히 적지 않게 알려져 있으리라 짐작되었다. 하지만 '사천 격납고'로 인터넷에서 검색했더니 아무것도 찾아지지 않았다. 윤병렬 대표는 "한 때 예수리에 살아서 20년 전부터 알고 있었다. 20채 넘게 있었는데 많이 없어졌다고 한다"고 말했다. 또 "비행기가 사천읍에 있던 비행장에서 격납고까지 모래사장을 타고 굴러왔다는 얘기를 동네 어른들한테 들었다"고 덧붙였다. 행여 격납고가 더 남아 있을 수도 있겠다 싶어서 여러 차례 찾아가 살펴보았으나 더 찾지는 못했다.

이처럼 사천만 갯벌은 일제에 짓밟힌 자취도 아프게 간직하고 있다. 그러나 안타깝게도 사람들 관심을 받지 못하고 지금껏 그냥 내팽개쳐져 있다. 같은 일제강점기 격납고이지만 제주도 알뜨르비행장의 '남제주 비행기 격납고'와 밀양시 상남면의 '밀양 구 비행기 격납고' 두 군데는 문화재청에 근대문화유산 등록문화재로 이름이 올라가 있다. 사천의 이 격납고도 고유한 특징과 의의를 재확인하고 사람들의 관심을 끌 수 있도록 근대문화유산으로 등록되어 관리를 받게 되면 좋지 않을까 싶다.

지구의 역사 새겨진 대섬

이밖에 곤양군수로 있던 스승 어득강1470~1555을 1533년 퇴계 이황1501~1571이 찾아와 함께 노닌 자리 작도정사(서포면 외구리 105-1)도 있다.

작도정사.
퇴계 이황이 곤양군수로 와 있던 스승 어득강과
회 치고 잔질하며 인생과 자연을 논했던 자리에 들어서 있다.

지금 사천시 행정구역에서 곤양면·곤명면·서포면이 당시는 곤양군 소속이었다. 퇴계는 어득강 곤양군수와 함께 밀물이 빠질 때 배에서 내려 까치섬작도·鵲島에 올랐다. 고기를 회치고 술을 잔질하며 삶과 자연의 이치를 논했다. 이를 기리는 건물이 작도정사다. 지금은 육지 한가운데에 있다. 일제 말기인 1938년 일본 사람 야마타山田가 일대 갯벌을 간척해 논으로 만들었기 때문이다.

대나무가 우거진 대섬.
드러난 지층에는 지구의 오랜 역사가 나타나 있다.

대섬에 가로세로 놓여 있는 나무 화석.

대섬(용현면 통양리 산 15-1111)도 찾을 만하다. 대나무가 우거져 있어서 대섬인데 지구의 역사가 고스란히 드러나 있다. 썰물 때 100m 정도 걸으면 들어갈 수 있다. 다양한 지층이 어지럽게 나타나 있다. 그런 지층을 따라 화석도 여러 가지 나온다.

특히 볼만한 것은 나무 화석이다. 한 방향으로 나란히 쓰러져 있지 않고 이리저리로 여럿이 어긋나게 쓰러져 있다. 땅이 흔들렸거나 하늘이 흔들렸거나, 아니면 둘 다 흔들렸거나 했을 것이다.

2. 창원 주남저수지

일제강점기 피땀 어린 근대농업유산

저마다 다른 산남·주남·동판저수지

경남의 바닷가에 사천만이 있다면 내륙 낙동강 강가에는 주남저수지가 있다. 주남저수지는 셋으로 이루어져 있다. 북쪽 산남저수지와 가운데 주남저수지 그리고 남동쪽 동판저수지가 그것이다. 이들 서쪽에는 모두 산자락이 내려와 있다. 산남은 백월산 기슭에 놓였고 동판은 구룡산 기슭에 놓였으며 주남은 백월산과 구룡산 기슭 모두에 걸쳐져 있다. 주남저수지는 두 갈래 물줄기로 낙동강과 이어진다. 하나는 정북쪽 본포마을로 난 인공 수로이고 다른 하나는 동북쪽 유등마을로 향하는 주천강이다.

세 곳 저수지는 저마다 특징이 뚜렷하다. 산남은 크기가 작다. 찾는 사람도 적어서 새들에게 좋은 쉼터가 된다. 물이 얕은 편이라 작은 철새가 많이 찾는다. 개구리밥·마름 같은 작은 물풀이 수면 가득할 때가 많고 풍경은 또한 한가롭다. 반면 주남은 씩씩하고 시원하면서 다채롭다. 그래서 사람들이 가장 많이 찾는다. 탐조대가 마련되어 있는 동쪽 제방에서 보면 경관이 단조롭지만, 안으로 들어가면 그와 다른 여러 느낌을 제대로 누릴 수 있다. 동판은 숨은 듯 앉아 있다. 왕버들 등이 곳곳에 있어 아기자기하고 다정다감하다. 사람이 별로 찾지 않고 물이 깊어 고니처럼 큰 철새가 쉬었다 간다.

이런 주남저수지의 본바탕은 낙동강 배후습지다. 강물은 홍수가 나면 양옆으로 넘치면서 자연제방을 쌓는다. 강물에 섞여 있던 자갈과 모래와 흙이 강가를 따라 쌓이면서 도도록해진다. 바깥으로 넘쳐흘렀던 물이 이런 자연제방 때문에 갇히면서 습지가 형성된다. 강줄기 배후背後에 만들어졌다고 하여 배후습지라 한다. 지금은 일대 자연제방과 배후

동판저수지.
몽글몽글한 왕버들이 많고 살짝 비켜나 있어서 한적한 느낌을 준다.

습지가 구분 없이 모두 농토로 바뀌어 대산평야를 이루고 있다.

먼 옛날, 사람들이 먼저 살기 시작한 데는 배후습지가 아니라 자연제방이었다. 주남저수지 일대를 두고 말하자면 낙동강 쪽은 높이가 해발 10m 안팎인 반면 주남저수지 쪽은 3m정도밖에 안 된다. 주변보다 볼록 솟은 자연제방에서는 농사도 어렵지 않게 지을 수 있었고 안전한 거처도 손쉽게 마련할 수 있었다. 100년 전만 해도 그랬다. 주남저수지 쪽이 아니라 낙동강 따라 남북으로 길게 놓여 있는 자연제방에서만 농사가 안정적이었던 것이다. 강이 가까우니 논농사였으리라 짐작하기 쉽다. 하지만 실은 밭농사가 대부분이었다. 자연제방 농토는 모래가 많은 사질토여서 물을 머금기가 쉽지 않았던 때문이다.

논농사에 적합하도록 물을 머금는 진흙 펄은 아래쪽 배후습지로 쓸려 내려갔다. 사람들은 배후습지에서 부분적으로 벼농사를 지었지만 비가 조금만 내려도 물에 잠기기 일쑤였다. 물은 양쪽 모두에서 들어왔다. 동쪽의 낙동강에서도 역류해 들어왔지만 서쪽의 백월산·구룡산 언저리 여러 골짜기에서도 쏟아져 내렸던 것이다. 이렇게 실농失農을 하면 다른 곡물 씨앗을 대신 뿌리는 대파代播를 하였다. 지금은 잡초 취급을 받지만 옛날에는 피가 대신 심는 구황식물이었다. 지금 건강식품으로 각광을 받는 메밀도 대신 심는 작물이었다.

붓과 옻칠이 출토된 다호리고분군

주남저수지 일대는 오랜 옛날부터 사람살이의 터전이었다. 다호리고분군은 옛날 삶터의 뚜렷한 물증이다. 언덕배기에 앉은 다호마을이 동쪽 배후습지(동판저수지)를 향해 흘러내리는 비탈에 있다. 2000년 전 ~2100년 전 무덤들로 1988~91년 발굴에서 유물이 많이 나왔다. 습지가 아니었다면 삭거나 썩어졌을 것들이 축축한 물기 속에 있으면서 산소가 차단된 덕분에 온전하게 남을 수 있었다.

화폐 구실을 겸했던 쇠도끼鐵斧·철부, 활발한 해외교역을 일러주는 중국제 청동거울과 중국 동전 오수전五銖錢, 350살 먹은 참나무로 만든 널棺·관이 출토되었다. 아울러 활과 화살, 청동제·철제 칼을 비롯한 무기들, 쇠낫·괭이 같은 농기구 등도 나왔다. 특히 함께 출토된 여러 칠제품漆製品은 붓이나 긁개요즘으로 치면 지우개와 더불어 크게 눈길을 끌었다.

먼저 붓과 긁개는 문자 사용을 보여주는 한반도에서 가장 오래된 증거다. 다음으로 칠제품은 고유한 옻칠문화일 가능성이 높다. 발굴 당시에는 기원전 108년 고조선을 멸망시킨 중국 한나라의 낙랑문화가 옻칠문화의 뿌리로 여겨지고 있었다. 그런데 다호리에서 같은 시대에 만든 칠제품이 나와서 낙랑문화와 상관없이 동시에 공존했을 가능성을 보여주었다. 1997년에는 다호리 가까이 덕천리지석묘에서 대략 2300년 전에 만든 옻칠그릇이 나왔다. 이로써 우리 옻칠문화의 고유성이 확실하게 입증되었다. 다호리에서 나온 목재품은 거의 옻칠이 되어 있었다. 옻칠을 하면 보기도 좋고 썩지도 않고 벌레도 먹지 않고 오래간다.

'합산패총'은 이보다 앞선 시기의 자취다. 합산마을에 있어 합산패총이라 하는데 산남저수지 동쪽 부분과 맞물린다. 합蛤은 조개이니 조개가 산더미로 쌓였다 또는 산이 조개처럼 생겼다 정도가 되겠다. 신석기시대(8000년 전)~철기시대(2000년 전) 일대 언덕배기에 살던 사람들의 쓰레기터다. 재첩 껍데기가 나온다 하니 옛적에는 바닷물과 강물이 만나 섞이는 기수역汽水域이었겠거니 여기면 맞겠다.

일대가 습지였기 때문에 만들어졌던 합산패총과 다호리고분군은 이처럼 뜻깊은 문화재들이 출토된 현장이다. 그런데도 막상 가보면 눈으로 보고 손으로 만질 거리가 없다. 안내판은 다호리고분군에만 있고 합산패총에는 아예 없다. 덕천리지석묘는 육군종합정비창 안에 있어서 찾아가기조차 어렵다. 당장은 아니라도 언젠가는 인간 역사·문화와 습지의 관계를 아우르는 전시 공간이 하나 주남저수지 둘레에 들어서면 좋겠다.

일본 연초왕 무라이가 만든 저수지

주남저수지 일대는 일제강점기를 맞아 엄청난 변화를 겪게 된다. 당사자는 일본사람 무라이 기치베에村井吉兵衛였다. 일본에서 담배를 팔아 큰돈을 벌어들인 연초왕이었다 한다. 무라이는 1910년부터 1912년까지 주남저수지 일대 대산평야를 조성했다. 촌정농장무라이농장은 900만 평에 이르는 대규모였다. 늪지대와 황무지가 대부분이던 일대 토지에 17만 원을 들여 제방을 쌓고 낙동강으로 이어지는 수로를 낸 결과였다. 촌정농장의 촌정제방은 자연제방과 배후습지 사이를 갈라주는 경계였다. 산남마을에서 대산면 소재지까지, 대산면 소재지에서 제동·우암리 주천강 있는 데까지 들판 여기저기 드문드문 흩어져 있는 야트막한 구릉독뫼, 똥뫼들 사이를 높이 2~3m 둑을 쌓아 삐뚤삐뚤 이었다. 이를 산부제山附堤라 한다. 산山에 붙여附 만든 제방堤이라는 뜻이다. 이렇게 하면 산자락에 해당되는 길이만큼 노력과 비용을 줄일 수 있었다.(요즘 제방은 이쪽과 저쪽을 직선으로 이어서 쌓는다. 기술도 장비도 동력도 좋기 때문이다. 하지만 일제강점기는 물론 1970년대만 해도 그렇게 하지 못했다. 가동할 수 있는 동력과 장비가 형편 없었기 때문이다) 촌정제방무라이제방은 배후습지에 물을 가두어 저수지로 삼았고 다른 한편으로는 들판이 있는 자연제방 쪽으로 물이 못 나오도록 막는 구실을 했다.

지금과 같은 주남저수지제방은 뒤이어 1922~24년 쌓았다. 1920년 설립된 대산수리조합이 주축이었다. 1928년까지는 주남저수지에서 직선 거리로 7㎞ 떨어진 북쪽 낙동강변 본포까지 인공수로도 내었다. 함께 설치된 본포양수장은 가물 때는 물을 주남저수지로 퍼 넘기기도 했고 자연제방 농지에 물을 안정적으로 공급하는 역할을 하기도 했다. 이로써 자연제방에 있던 밭들이 논으로 바뀔 수 있었다. 낙동강 본류 쪽 제방도 축조했는데 1928년부터 36년까지 9년이 걸렸다. 그 사이 농장 소유권이 두 차례 바뀌었다. 1927년 부산 거부 하자마 후사타로迫間房太郎에게 170만 원에 넘어갔다가 1938년에는 천일표 고무신으로 유명했던 의령 출신 김영준에게 270만 원에 다시 넘겨졌다.

소출은 엄청났다. 무라이 기치베에의 경우 1922년 소작료로 걷은 곡식이 벼 2만 7000섬, 보리 1700섬, 콩 1000섬이었다. 반면 조선 농민들은 제방 쌓는 데는 헐값으로 동원되었고 소작은 비싸게 부쳐야 했다. 일본인 지주의 곳간은 조선인 소작농의 고달픔과 괴로움으로 가득 찼다. 농지 소유가 한 곳에 집중되면 여러 사람이 고달파지는 것은 동서고금이 마찬가지였다. 그러다 해방된 뒤 1969년 9월에는 대홍수를 맞아 창원농지개량조합에서 1970~1976년 제방을 높이는 작업을 벌였다.

근대농업유산 주남저수지

사정이 이렇기에 주남저수지는 그 자체가 우리나라 근대농업유산이다. 그냥 있는 습지가 아니고 아무렇게나 생겨난 농토가 아니다. 자연제방과 배후습지를 나누었던 무라이제방은 지금도 뚜렷하게 남아 있다. 산남마을에서 대산면 소재지까지 구간은 지금도 도로로 쓰이고 있다. 주남저수지에서 본포를 향해 나 있는 인공수로에도 자세히 살펴보면 일제강점기 인공의 자취가 남아 있을 것이다.

주천강 또한 근대농업유산을 여럿 안고 있다. 시작 지점에는 1922년 만든 콘크리트 배수문이 있고 하류쪽 800m 가량 '주남교'도 원래는 수문이었지 싶다. 축조 연대는 여러 기록으로 보아 1936년으로 짐작된다.

위에 아스팔트가 씌워져 있고 철제 난간도 있어 지금은 처음부터 다리로 만들어졌던 것처럼 보인다. 하지만 상판과 다릿발을 보면 원래 쓰

1920년대 만들어진 촌정제방이
지금은 산남마을에서 대산면사무소까지 이어주는 도로로 남아 있다.

주남교라 해서 지금은 상판이 다리로 쓰이고 있지만 1930년대 처음 만들어질 때는 수문이었다. 아래쪽 균형잡힌 무지개 모양 아치가 아름답다.

주남교 아래쪽을 보면 홈이 뚜렷하게 나 있다.
과거 수문을 여닫는 철판이 끼어 있던 자리다.

임새가 무엇인지 충분히 짐작이 된다. 상판은 정육면체로 돌을 다듬어 가지런히 쌓았고 틈새는 콘크리트로 이어 붙였다. 다릿발은 사이가 무지개 모양인데 양옆 둘은 조금 내려갔고 가운데 둘은 깊이 내려갔다. 바닥도 정육면체 다듬은 돌과 콘크리트로 마감했는데 가로로 홈이 길게 파여 있다. 수문을 막을 때 철판이 내려와 끼이는 자리인 것이다. 전체적으로 볼 때 삭막하지 않고 아름답게 조화를 이루고 있다.

주남교에서 직선으로 4.5km 떨어진 하류에는 우암교와 주호교가 다닥다닥 붙어 있다. 또 다른 근대농업유산이 들어서 있는 자리다. 두 다리 모두 김해 한림면 본산리와 창원 대산면 우암리를 이어준다. 주호교가 먼저 생겼으며 우암교가 나중에 생겼다. 우암교는 곧은 도로에 이어져 있고 주호교는 굽은 도로에 이어져 있다. 주호교에서 물줄기 하류를 굽어보면 구릉 아래로 물결이 일렁이는 바위터널이 눈에 띈다.

길이가 30m는 됨직한데 돌아가 반대편을 보니 이마 한가운데와 왼편 어깨에 한자가 적혀 있다. 이마는 가로 두 줄로 '촌정농장/주천갑문村井農場/注川閘門'이라 되어 있고 왼편 어깨는 세로로 '명치 45년 5월 준공明治四十五年五月竣工'이라 새겨져 있다. 명치 45년이면 일제 강점 이태 뒤인 1912년이다. 그 때 촌정농장을 조성하면서 천연암석을 맞뚫어 물길을 내고 갑문水門을 달았던 모양이다. 지금은 그 갑문이 용도 폐기되었는지 사라지고 보이지 않았다.

이런 굴착이 요즘은 아무것도 아니지만 당시는 엄청난 일이었다. 커다란 소득이 생기지 않는데도 대단한 공력을 들였을 리는 없다. 왜 이렇게 했을까?

여기 천연암석으로 이루어진 언덕이 당시는 주천강 흐름을 막는 병목 같은 지점이었지 않을까 싶다. 여기를 뚫으면서 물이 아래위로 잘 빠지도록 하는 효과가 생겼다. 홍수 시기 범람은 지류인 주천강이 원인이 아니었다. 본류인 낙동강이 지류를 거슬러 역류하면서 들판을 물에 잠기도록 만들었다. 그것은 지금도 마찬가지다. 주천갑문은 역류하는 낙동강 물줄기를 조금이라도 빨리 촌정제방 너머 저수지背後濕地로 빼돌리려는 노력의 산물이었다.

주천갑문 상류 쪽 가까이에는 주천강 옛날 물줄기도 남아 있다. 창

1912년 들어선 주천갑문의 전면.
한가운데에는 가로 두 줄로 '村井農場 注川閘門'이라 적혀 있고
왼쪽에는 세로로 '明治四十五年五月竣工'이라고 적혀 있다.

주천갑문 전면에 새겨진
'明治四十五年五月竣工'.

주천갑문 내부.
천연암반을 뚫은 흔적이 뚜렷하다.

원시 대산면 제동·우암리와 김해시 진영읍 진영리가 톱니처럼 맞물리는 일대이다. 주천강이 생긴 그대로 자연스럽게 곡류사행曲流蛇行하던 자취다. 1912년 주천갑문이 들어설 때도 이랬다고 한다. 그 뒤 더 내륙 쪽으로 지금과 같은 주남저수지 제방을 쌓으면서 곧은 물길 직강直江도 하나 내었다. 행여 옛날 풍치를 볼 수 있으려나 싶어 둘러보았지만 분별없이 들어선 건축물과 넘쳐나는 쓰레기로 가득할 뿐이었다.

촌정농장을 경영한 무라이 기치베에게는 무라이 요시노리1943~2013라는 손자가 있었다. 그 손자가 2010년 5월 할아버지가 경영하던 김해 진영 촌정농장 자리(주남저수지와 대산평야가 있는 창원 대산면은 김해 진영과 맞붙어 있다. 들판으로 보자면 하나로 붙어 있다)를 찾은 적이 있다.

주남저수지 앞 인공연못과 들판.
둘레에 이런 들판이 많아 먹이를 쉽게 얻을 수 있기 때문에 철새가 많이 찾는다.

주남돌다리. 누가 언제 왜 만들었는지는 모르지만
주변 풍경과 잘 어울리고 아름다운 다리다.

요시노리는 주민들에게 "100년 만에 왔다. 여러분들에게 큰 피해를 주었다"고 한 다음 "미안해요"라고 말했다. 앞엣말은 일본말로 했고 뒤엣말은 한국말로 했다. 요시노리는 와세다대학 교수로 있으면서 일제강점기와 그에 뒤이은 시기에 벌어진, 아시아에 대한 일본의 침략과 수탈을 연구·고발하는 작업을 죽을 때까지 벌였다. 이런 스토리까지 겹쳐놓으면 주남저수지와 일대 대산평야가 더욱더 예사롭게 보이지 않는다.

주남저수지에는 여기에 더하여 함께 누리면 좋을 것들이 제법 있다. 주천강 주남교에서 상류쪽 200m가량 지점에 놓여 있는 동읍 판신마을과 대산면 고등포마을을 잇는 주남돌다리, 신방초교 뒷동산의 천연기념물로 700살이 넘었다는 음나무 네 그루, 칠성그린아파트 담장과 바짝 붙어 있는 동산처럼 커다란 바위덩이들, 그리고 그 둘레를 300년 가까이 둘러싸고 있는 포구나무 열한 그루 등등. 옛날 모습과 사연을 품고서 일대를 찾는 이들에게 좀 더 풍성한 느낌을 안겨주는 존재들이다.

3. 논 논두렁 봇도랑 둠벙

노동과 추억이 공존하는 생명터

고성 두호마을의 둠벙과 논.

고달픈 노동의 산물

인간 역사에서 농경은 채집과 수렵에 뒤이어 등장했다. 이 가운데 가장 쉬운 것이 채집이고 가장 어려운 것은 농경이다. 쉬운 쪽에서 어려운 쪽으로 진화해 온 셈이다. 같은 농경에서도 먼저 시작된 밭농사보다 뒤에 시작된 논농사가 더 어렵다. 무엇보다 먼저 논농사는 논을 만들기가 무척 어렵다. 밭은 높낮이가 차이 져도 대충 표면을 고르고 이랑만 타면 된다. 반면 논은 높은 데는 깎아내리고 낮은 데는 높여야 한다. 물을 담아야 하기에 수평을 맞추는 것이다. 물을 확보하기 위해 저수지나 보·둠벙도 따로 만들어야 했다. 이것들이 논으로 이어지도록 봇도랑도 내지 않으면 안 되었다. 만든 뒤에도 돌·자갈은 쉼 없이 골라낼 수밖에 없다. 평지에 논을 만들어도 이런데 비탈진 데에 논을 만들려면 얼마나 더 고되었을까. 비탈이 가파를수록 만들 수 있는 논배미는 좁아진다.

논 한가운데 있는 돌무더기.
논을 만들거나 고르면서 나온 돌들을 쌓아놓은 것이다.

반면 차곡차곡 쌓아 받쳐야 하는 논두렁은 높아지고 치워야 할 바위와 자갈은 많아지게 마련이다. 아울러 농사짓기도 가장 어려운 것이 논농사다. 밭농사는 이를테면 씨앗을 뿌려놓기만 하면 기본은 된다. 하지만 논농사는 볍씨 고르기에서 모내기를 거쳐 김매기까지 고된 노동이 줄기차게 이어진다.

2017년 3월 7일 합천 대병면 허굴산 중턱에서 노부부를 만났다. 다락진 삿갓배미에 거름을 넣고 있었다. 논들은 저마다 좁다랗고 모양도 제각각이었다. 커다란 바위도 많아서 그 중에는 집채만 한 크기도 있었다. 다섯 마지기도 안 될 논배미를 내려다보며 할매는 말했다.

합천 허굴산 기슭 삿갓배미 논들 가운데 쌓여 있는 커다란 바위들.
주인 할매는 10년 전만 해도 다락논 곳곳에 흩어져 있었는데
바깥양반이 포클레인으로 지금처럼 한 군데로 모았다고 말했다.

"10년 전만 해도 논배미가 칠십 개였지. 이 양반 공직 생활 그만두고 포클레인 갖고 일곱 배미로 만들었어. 흩어진 바위를 한 데 모으고 논두렁을 크게 새로 탔지. 하이고, 고생고생 말도 못한다."

다락논이 더욱 예사롭게 보이지 않는 까닭이다. 바위를 쌓아올려 만든 논두렁은 수직에 가깝다. 없는 살림에 땅을 한 뼘이라도 더 챙기기 위해서다. 삿갓배미 다락논을 보며 "우와, 경치 좋네!" 감탄만 한다면 그이는 정작 세상 물정은 하나도 모르는 사람이다.

100년 전 낙동강 하류 일대는

경남에서 논농사는 늦어도 3000년 전에 시작되었다. 밀양시 산외면 금천리 일대가 가장 오래된 유적이다. 밀양강과 단장천이 합류하는 지점과 가깝다. 강물과 함께 떠내려온 흙과 모래는 오랜 세월에 걸쳐 여기에 충적지를 이루었다. 청동기시대 초기 마을 집터와 보洑·봇도랑·논 같은 농경유적이 확인된 자리다. 집터는 자연제방 높은 자리에 있다. 밭터는 집 터 바로 밑 다음 높은 지대에, 논 터는 그보다 낮은 지대에, 저수지 구실을 했던 배후습지는 논 터보다 뒤쪽에 있다.

봇도랑은 산비탈 끄트머리 부분을 따라 길게 나 있었다. 산기슭 아래쪽 언저리는 집터로도 논·밭으로도 적당하지 않았기에 이처럼 물길을 내었을 것이다. 논은 물론 보와 봇도랑까지 필요한 모든 것을 제대로 갖추었던 것이다. 집·논·밭·봇도랑의 이 같은 배치는 다른 지역의 청동기시대 논농사 유적에서 되풀이 확인된다. 옛날 사람들도 주어진 조건에 맞추어 자연을 개발하기 위하여 치밀하게 계산하였음을 알 수 있다.

김해 봉하마을의 봇도랑.
요즘은 대부분 콘크리트로 만들어져 흙으로 친 봇도랑이 드물어졌다.

논은 그 뒤 2000년이 넘는 동안 꾸준히 면적을 넓혀왔다. 그러다 획기적으로 넓어진 것은 일제가 우리나라를 강점하면서부터였다. 일제가 근대토목기술을 들여와 낙동강 같은 거대 하천에까지 제방을 높게 쌓아올렸기 때문이다. 함안·밀양·창녕·창원·김해 일대 낙동강 하류는 그때만 해도 사람이 살 수 없는 황무지였다. 비가 조금만 많이 내려도 강물이 범람·역류하는 저습지였다. 일부는 그대로 습지로 남거나 저수지로 탈바꿈하였지만 대부분은 너른 평야가 되었다. 지금부터 100년도 되지 않는 짧은 기간에 이루어진 일이다.

논은 겨울철에 물을 채워 놓으면 철새들한테 먹이터가 된다.

논에 생물이 많은 까닭

일본 간사이대학교 슈사쿠 미나토 선생은 논에 사는 생물이 5668가지라 했다. 2013년 6월 14일 창녕군 부곡온천에서 열린 '제2차 논습지 생물다양성 증진을 위한 한·일 자치단체 네트워크'에서였다. 미나토 선생은 1981년부터 어린이들에게 논과 환경을 교육해 왔고, 2011년부터는 간사이대에 적을 두고 있다. 30년 넘게 논을 드나들며 연구·관찰했더니 그렇게나 많은 생물이 살더라는 얘기였다.

우리나라 논을 두고는 경상남도람사르환경재단이 2014~15년 조사한 적이 있다. 〈논습지 및 덤벙의 생물다양성 조사 결과 보고서〉를 보면 식물 173가지, 저서성 무척추동물 64가지, 곤충 141가지, 어류 11가지, 척추동물 14가지 등 403가지였다. 이 둘을 같이 놓고 비교할 수는 없다. 일본은 미나토 선생이 30년 넘게 조사했고 한국은 람사르재단이 2년밖에 조사하지 않았기 때문이다. 어쨌든 논은 이처럼 먹을거리 생산도 하고 생물다양성도 실현하는 훌륭한 생태계다.

논에 사는 생물이 많은 까닭은 첫째 인간이 적당히 교란하기 때문이라 한다. 생물의 종류는 강한 교란이 있어도 줄어들고 아무 교란이 없어도 줄어든다고 한다. 강한 교란에서는 생존 조건이 파괴되기 때문에 줄고 교란이 없으면 생존 경쟁이 심해지기 때문에 준다는 것이다. 반면 적당한 교란은 경쟁에 약해 도태되기 쉬운 생물까지 생존할 수 있게 해준다. 풀을 베고 땅을 일구고 논에 물을 대는 것이 중간 정도 교란에 해당된다. 이를테면 논두렁 풀을 지나치게 자주 베면 키 작은 잡초가 우묵해지고 전혀 베지 않으면 키 큰 풀만 웃자란다. 하지만 적당하게 하면 키 큰 식물이 베어져서 다른 작은 풀들도 함께할 수 있게 되는 이치다. 논에 사는 생물이 많은 까닭 다른 하나는 논이 인간의 관리를 받기 때문이라고 한다. 논은 사람이 거름을 치는 덕분에 영양분이 풍부하고 넝달아 미생물도 많아진다. 물높이도 일정하고 온도도 차갑지 않게 유지되어 어린 생명이 자라기 알맞다는 것이다. 그러니까 논은, 인간이 이른바 생물다양성을 증진시키는 역할을 하는 거의 유일한 공간인 셈이다.

논두렁·봇도랑·둠벙

과거에는 자연습지였고 지금은 인공습지인 데가 논이다. 논농사란 계곡이나 개울·하천에서 물을 끌어들여 논 구석구석까지 물을 대거나 빼는 일이기도 하다. 논에 물을 가두어두거나 빼내는 구실을 하는 것이 논두렁과 거기에 나 있는 물꼬다. 논두렁은 사람 다니는 길이기도 해서 거기 자라난 풀은 때맞추어 베어지게 마련이다. 이런 풀베기 덕분에 논두렁 풀밭에서 여러 생물이 함께 어우러질 수 있다. 논에서 사는 생물들에게도 논두렁은 필요하다. 위험에서 피하거나 겨울을 나거나 알을 낳거나 할 때. 논두렁을 거쳐 가까운 야산으로 옮겨가는 경우도 적지 않다.

봇도랑은 논을 위한 물길이다. 물은 스며들어야 제 맛이다. 그것은 봇도랑도 예외가 아니다. 스며든 다음 천천히 조금씩 내뿜으면 좋다. 논이 말라도 봇도랑은 촉촉하게 남을 수 있는 것이다. 그래야 논에 살던 생물이 논이 메마르거나 겨울이 되었을 때 봇도랑으로 옮겨와 살 수 있다. 원래는 흙으로 도도록하게 쌓고는 물이 새지 않도록 진흙까지 발랐다. 지금은 원래 모습을 많이 잃었다. 물이 빠르게 흘러 정확하게 닿도록 하는 콘크리트 봇도랑이 대세다. 흙이 아닌 콘크리트로 친 이런 봇도랑은 생물의 이동을 차단하고 생존을 버겁게 만든다.

둠벙은 논에 물을 대려고 만든 작은 웅덩이다. 바로 딱 붙어 있어서 논의 한 부분이라 해도 틀리지 않는다. 이런 둠벙이 지금은 별로 없지만 옛날에는 그렇지 않았다. 둠벙은 지하수가 나거나 지표수가 흘러 물이 고이는 자리를 따라 만들었다. 둠벙은 봇도랑과 함께 논이 자연에게 발행해 주는 생물다양성 보증수표였다. 생물들이 논에서 살기 어려운

창녕 용호늪 근처에서 본 둠벙.

조건이 되면 손쉽게 옮겨갈 수 있는 데가 둠벙이다. 한 곳에 뿌리박고 살아야 하는 식물한테도 둠벙은 논두렁·봇도랑보다 좋은 터전이다. 언제나 물이 고여 있기 때문이다. 둠벙은 이처럼 인간과 습지의 조화로운 관계 그 자체다.

고성 두호마을에서 본 둠벙.

고성 내산리고분군 가까이에 있는 둠벙.
흙이 아닌 돌로 쌓았다는 특징이 있다.

    1960년대나 70년대에 농촌에서 어린 시절을 보낸 이들은 논두렁에서 메뚜기 잡고 봇도랑에서 미꾸라지 잡던 추억이 있다.(논바닥에서 논고둥을 캐기도 했다) 둠벙은 둘레의 예쁜 물풀이나 들꽃이 어우러진 풍경으로도 기억되지만 물고기를 한꺼번에 잡아 끓여먹는 푸짐함과 따뜻함으로 더 많이 기억된다. 여름비로 논물이 넘칠 때 봇도랑 등에서 새끼 물고기를 몰아넣은 다음 가을걷이를 앞두고 하루 날을 잡아 물을 퍼내면 된다. 둠벙 바닥은 물 반 고기 반, 붕어·잉어·미꾸라지·메기·뱀장어 따위를 잔뜩 잡아 솥에 집어넣고 끓이면 그만이다. 하지만 요즘은 농촌에 사람이 없는 탓에 이마저 달라지는 모양이다. 2017년 3월 6일 창녕 성산면 연당지 부근에서 만난 할매는 자기 논에 달린 둠벙을 가리키며 말했다. "지난 장날 붕어 하고 메기를 사서 집어넣었어."

논에 어린 정서와 문화

논은 삶을 받쳐주는 바탕이었다. 그래서 우리네 인간의 감정도 스며들어 있게 마련이다. 가을논에 벼가 넘실거리면 먹지 않아도 배가 부르다. 논이 메말라 벼가 제대로 못 자라면 사람 속도 함께 탄다. 시골 사람들에게 논은 희로애락이다. 하지만 도시 사람들에게 논은 고향을 상징한다. 농촌의 풍경을 떠올리며 편안함과 따뜻함을 느끼는 것이다. 또 머리에 논을 떠올리면 일하는 사람 모습도 함께 떠오른다. 삽자루 하나 실은 채 자전거 타고 가는 장면, 경운기 끌고 써레질하는 풍경, 비를 맞으며 물꼬를 돌보는 모습……. 그렇듯 논은 누군가에게는 삶이 되고 누군가에게는 풍경이 된다.

가을철 나락이 익어가고 있는 봉하들녘.

논은 인간에게만 풍성한 게 아니다. 맑은 봄날 논에서는 농부가 써레질하는 뒤를 해오라기·백로·왜가리 같은 새들이 졸졸 따라다니는 풍경을 흔히 볼 수 있다. 써레질로 단단한 흙덩이가 파헤쳐지고 뒤집어지면 맛나게 먹을 수 있는 벌레들도 함께 올라오기 때문이다. 나락이 여물어가는 가을논은 말할 것도 없다. 인간에게는 삶의 배경이고 문화이고 역사인 논이 다른 많은 생명체들에게도 든든한 터전이 되어주는 것이다.

논이 사라지고 있다. 전국적으로 보면 2005년 110만 4811ha에서 2010년 98만 4140ha를 거쳐 2016년 89만 5379ha로 면적이 적어졌다. 경남도 마찬가지로 2005년 11만 3928ha에서 2010년 10만 104ha를 거쳐 2016년 8만 8753ha로 떨어졌다. 쌀 생산도 2005년 476만 8368t에서 2010년 429만 5413t을 거쳐 2016년 419만 6691t으로 내려앉았다. 그런데도 쌀은 남아돈다. 쌀소비 감소폭이 논 감소폭보다 크기 때문이다. 2016년 현재 쌀의 정부 보관 재고가 200만t이다. 농촌경제연구원은 여기에 더해 2017년에도 29만t 가량이 초과 공급될 것으로 예상했다.

하지만 2018년에는 쌀값이 폭등했다. 쌀 소비가 줄어들고 있음에도 쌀값이 크게 오르는 것은 무엇을 의미할까? 쌀의 생산과 소비에는 경제 논리가 담겨져 있다. 농촌 사람들에게는 수입과 관련된 문제고 도시 사람들에게는 가정경제와 관련이 있는 것이다. 논도 이제는 좀더 합리적으로 관리되어 수요와 공급이 제대로 이루어지는 경영이 필요하다는 뜻이다.

인위적인 소비 촉진은 한계가 빤하다. 북한 주민 지원도 뜻은 좋지만 근본 해결책은 아니다. 재배 면적 축소도 무턱대고 할 수는 없다. 이런 방안을 추가하면 어떨까? 쌀 초과 생산에 해당되는 만큼 논을 떼어내 절반은 사람 놀이터로 절반은 동물 먹이터로 만드는 것이다. 물론 벼는 그대로 심은 채로 말이다. 이런 농사를 짓는 농가에 대한 정부 재정지원은 뒷받침되어야 한다. 동물을 위한 먹이터 활용은 이미 실행되고 있기에 여기서 따로 더 말할 필요는 없다.

논을 사람들 놀이터로도 삼으면 무엇이 달라질까? 이나가키 히데히로 일본 시즈오카대 대학원 교수(잡초생대학자)는 2009년 발표한 논문 〈논의 운영과 은혜〉에서 이렇게 밝혔다. "초·중학생들한테 '농업'이나 '논'이라는 말에서 무엇이 생각나는지 물었더니 논에서 놀아보지 못한 경우는 '쌀' '채소'처럼 농산물 관련 단어를 주로 떠올렸다. 이에 반하여 논에서 놀아본 친구들은 '녹색' '흙' '물' '송사리' '잠자리' 등 생태환경·생물 관련 단어를 많이 떠올렸다." 논에서 논다는 것은 논에서 살고 있는 무수히 많은 생명들을 체험한다는 것이다. 놀라움과 기쁨과 즐거움이 동반되는 과정이다. 그래서 논에서 많이 놀아본 사람일수록 논에 대한 이미지와 지식이 풍성해지고 논을 소중하게 여기는 마음도 커지게 마련이다. 논을 지속가능한 미래 습지로 만들고 싶다면 우리가 먼저 논과 친해져야 한다. 어른아이 구분 없이 논에 가서 논을 놀이터 삼아 자꾸 놀수록 좋다.

4. 옛적과 오늘날의 인공습지

백성 피땀 담긴 저수지, 생명을 일구다

고성 장산숲.

밀양 수산제 돌수문

예나 이제나 농사를 짓는 데 물은 필수다. 밭농사에도 있어야 하지만 논농사에는 더욱더 필요하다. 하천이나 우물 또는 샘에만 기대어서는 제대로 농사를 지을 수 없었다. 인공으로 저수지를 만들어야 했던 까닭이다. 그 첫머리에 밀양 수산제가 놓인다. 벽골제(전북 김제)·의림지(충북 제천)와 더불어 2000년 전에 만든 3대 저수지로 역사책에 이름이 올라 있다.

조선시대 지리책 〈신증동국여지승람〉(1530년)에 이미 나온다.

"둘레가 20리이다. 세상에 '고려 김방경 장군이 농지에 물을 댈 수 있도록 제방을 쌓아 일본 정벌(1차 1274년, 2차 1281년)에 나서는 고려·몽골연합군의 군량을 갖추었다'고 전한다. 가운데에 죽도竹島가 있는데 세모마름·연·마름·귀리가 멀리까지 가득하다. 세조 때인 1467년 물길을 트고 수문을 설치하여 국둔전國屯田으로 하였다가 뒤에 봉선사奉先寺:경기도 남양주시에 내려주었다. 성종 때인 1487년 다시 나라의 둔전이 되었다."

둔전은 백성들한테 직접 개간하게 한 다음 소출 가운데 일부를 바치도록 했던 토지로 국농소國農所라고도 했다. 이보다 앞선 〈세종실록지리지〉(1454년)에는 "길이가 728보인데, 지금은 무너져 있으나 쌓지 않았다"고 적혀 있다.

수산제의 원형은 배후습지였다. 그 범위는 초동면 금포리~하남읍 수산리 일대로 짐작된다. 주변 산지뿐만 아니라 낙동강변 자연제방보다 지대가 낮다. 이처럼 낮은 데는 바닥에서도 물이 솟는다. 게다가 비가 내리면 산기슭에서도 물이 쏟아지고 낙동강에서도 본류가 역류해 들기 십상이다. 한두 해만 관리를 제대로 하지 않아도 토사가 쌓이고 물길이 막혀서 금세 황폐해진다. 임진왜란을 거치면서 돌봄을 받지 못해 국농소는 휴한지가 되었고 수산제는 황무지가 되었다. 19세기 말 함안군수로 와 있던 오횡묵이라는 사람이 〈함안총쇄록〉을 썼는데 1889년 7월 1일자에 수산을 지나간 기록이 있다.

"수산에 있는 국농소는 본래 민보였는데, 오늘날은 명례궁^{조선시대 왕비가 거처하던 공간}에 소속되어 있다. …… 온 김에 둘러보았더니 과연 10리 긴 보를 온전히 쌓았고 둑 안에는 농사를 짓는데 거의 300섬지기가 된다. 바라보면 툭 트여 있고 아직 개간하지 않은 땅이 개간한 땅보다 몇 배나 넓다. ……수십 년이래 권세가에게 붙잡혀 있다. 지세가 푹 꺼진 곳은 큰물을 만나면 안에서 물이 넘치고 밖에서는 강물이 불어 수문이 망가지고 당장 물바다가 된다. 그래서 비용을 많이 들였지만 아직 실효를 거두지 못하고 있다. 이번에 비록 두서가 조금 잡혀 시작만 잘 하고 마무리를 하지 않은 지난날과는 다르지만, 홍수를 만나면 역시 어쩔 수 없을 것이다."

개간하지 않은 땅이 많다고 했다. 그러면서도 소출이 300섬이라 했다. 300섬이라면 어느 정도일까? 많은 듯 여겨지지만 임진왜란 이전과 견주면 5~10%밖에 되지 않는다. 〈성종실록〉 1489년 9월 21일자 기사에 들어 있는 경상도관찰사 김여석의 보고다.

"수산제는 …… 1487년은 소출이 7500여 석이었고 1488년은 4400여 석이었는데 올해는 지나친 가을비로 거의 물에 잠겼으므로 반드시 지난해에 미치지 못할 것입니다."

400년 세월이면 농업 기술이 작으나마 발전했을 텐데도 소출은 오히려 이만큼이나 크게 줄었다.

1910년 일제강점 이후 수산제와 국농소의 운명은 어떻게 되었을까? 지배의 본질은 바뀌지 않았다. 전에는 왕실(명례궁) 소유였다가 후에는 친일 귀족의 소유가 되었다. 1913년에 조선총독부가 도야마 미츠루頭山滿라는 일본 사람에게 일대 개간권을 주었다. 도야마는 이를 받자마자 민병석閔丙奭 등 조선인 지주들에게 권리금을 받고 팔아넘겼다. 민병석 등은 곧바로 개간에 들어가 1927년까지 270정보町步, 81만 평에 이르는 농지를 확보하였다. 1927년에는 이들이 소작을 짓고 있던 농민들에게서 소작권을 떼어 다른 농민들에게 주는 바람에 '국농소 소작쟁의'가 일어나기도 했다.

도야마 미츠루와 민병석은 어떤 사람일까? 도야마1855~1944는 일본 우익단체의 원조인 겐요샤玄洋社를 세운 인물이다. '일본의 지도 아래 아시아가 대동단결해야 한다'고 주장하는 극우 국수주의자였다. 민비를 시해한 을미사변에 관여했다고 알려져 있다. 일제강점 직후 그 논공행상으로 조선의 광활한 휴한지와 황무지에 대한 개간권을 받은 셈이다. 그 뒤로도 1923년 관동대지진 당시에는 조선인 학살을 주도하고 1940년대에는 일본군의 전쟁터로 위안부를 공출하는 데 나서기도 했다.

민병석1858~1940은 1910년 경술국치를 앞두고 궁내부대신으로 있으면서 경찰권을 비롯한 국가주권을 일본에 넘기는 어전회의에 참석해 이를 가결시켰다. 이로 말미암아 조선 사람들한테는 나라를 팔아먹은 도적(국적國賊)으로 지탄받았으나 일제로부터는 자작 귀족 작위를 받는 대접을 받았다. 고종의 정비 민비의 친척 출신으로 왕조 시기는 물론이고 일제강점기에도 갖은 부귀영화를 누렸던 인물이다.

수산제 둘레에는 독뫼가 서넛 있다. 수산제 제방은 이런 독뫼를 잇는 방식으로 쌓아졌다. 산山에 붙여서附 쌓는 제방堤, 산부제다. 일제강점기에는 1km 남짓 제방이 있었다는데 지금은 없다. 대신 자연 암반을 뚫어서 만든 수문은 남아 있다. 너비와 높이가 각각 1m와 1.5m 정도이고

밀양 수산제 수문.
자연암석을 마주 뚫어 만들었다.

길이는 25m가량 된다. 2000년 전 뚫은 것일 수도 있지만 조선 세조 때 뚫은 것일 개연성이 더 높은 것 같다. 어느 시절이 되었든 부림을 받는 밑바닥 백성들은 엄청나게 고생을 했을 것이다. 수문 위에 서면 양쪽으로 흐르는 물줄기를 비롯한 습지 경관이 한 눈에 담긴다.

진주 강주연못

　진주시 정촌면에 있는 강주연못은 〈진양지〉에 처음 나온다. 조선시대 진주 읍지邑誌인 〈진양지〉는 성여신이 1622~32년 지었다. 읍지는 대부분 고을 수령이 만들었는데 당시 성여신은 진주목사도 아니고 그냥 진주에 사는 선비였다. 단지 고향에 대한 애정으로 〈진양지〉를 남긴 것이다. 성여신은 여기서 '강주연못康州池'을 다루며 "그 위에 군영터가 있다. '고려 때 절도사가 이곳에 와서 진을 쳤다'고 세상에 전해온다."고 적었다. 여기에 진을 쳤던 절도사는 누구일까. 〈신증동국여지승람〉 진주조條에 하륜이 지은 '촉석성문기'가 인용되어 있다.
　"1379년에 배극렴이 강주진에 장수로 와 있으면서 목사에게 공문을 보내 촉석성진주성을 다시 수축하게 하고 감독하였다. 흙을 돌로 바꾸어 쌓게 하였으나 절

진주강주연못 전경.

반도 되기 전에 해구(倭寇)에게 함락되었다. 그러나 … 해구들을 물리칠 수 있었다."

1379년 진주로 쳐들어온 왜구 3000명을 물리쳤던 배극렴1325~1392은 이태 전인 1377년에는 마산 합포에 병영성을 쌓기도 했었다.

강주연못 서쪽에는 직선거리로 100m 옆에 개울이 하나 있는데 이름이 화개천이다. 아마 강주연못의 원형은 화개천변에 형성된 자연제방과 동쪽 야산 사이에 끼여 있는 배후습지였을 것 같다. 장병들 먹이려고 곡식을 기르던 둔전에다 여기에 고여 있던 물을 대었을 것이다. 제방에 오르면 짙은 나무그늘 아래 까만 빗돌이 하나 있다. 고려 시대 강주진영이 있던 자리라고 알리는 것인데 1994년 12월 31일 진양군청에서 세웠다. 진주시와 진양군의 통합(1995년 1월 1일)을 하루 앞두고 이루어진, 진양군청의 마지막 행정 행위였다. 강주연못은 동그랗고 자그맣다. 수면은 연잎으로 덮였고 둘레는 600년 된 이팝나무군락을 비롯해 오래된 나무들이 우거졌다. 강주는 진주의 고려시대 지명이다.

고성 회화면 장산숲 연못도 강주연못과 비슷한 구실을 했다. 장산숲은 600년 전 호은 허기라는 인물이 조성했다. 고려에서 벼슬이 높았던 허기는 1392년 조선이 건국되자 그 신하 노릇을 하지 않으려고 여기 들어왔다. 지금은 바다가 십리 바깥에 있지만 당시에는 해수면이 높아 마을 앞이 바로 바다였다. 바다가 마을에서 보이지 않도록 하고 해풍을 막기 위하여 숲을 조성하면서 그 가운데에 연못을 만들었다. 숲은 원래 1km 길이로 마을을 동남쪽에서 서북쪽으로 알파벳 'L'자 모양으로 통째 감쌌지만 지금은 동남쪽 100m만 남았다. 쉼터로 제격이라 평상도 여럿 있다. 나무 말고 돌로 만든 평상도 있다. 일대가 퇴적지층이라 편평하게 떼어내기 쉬운 무른 암석이 많기 때문이겠다.

고성 장산숲.

장산숲에 놓여 있는 돌평상.

일제가 만든 저수지들

수산제는 옛날 저수지 치고는 예외적으로 큰 편이다. 예전에는 이처럼 크게 제방을 쌓기가 어려웠다. 동원을 할 수 있는 에너지와 도구가 별로 없었기 때문이다. 그래서 조선시대까지는 제방보다는 천방川防이 기본이었다. 물을 얻기 위하여 하천川을 가로막은防 것이다. 여기서 말하는 하천은 낙동강이나 남강처럼 큰 강이 아니다. 이렇게 큰 강은 보洑를 쌓아 막을 수가 없었다. 이런 큰 강으로 흘러드는 지류·지천만 보를 쌓을 수 있었다.

지금 우리가 보는 커다란 저수지들은 일제가 조선을 강점하면서 근대적 토목기술을 들여와 쌓은 것들이 대부분이었다. 왜 그랬을까? 조선 농민을 위하여? 당연히 아니었다. 당시 일본은 쌀이 모자랐다. 일제는 조선에서 쌀을 많이 생산해 일본으로 가져가야 했다. 그러려면 벼논 면적을 늘리는 한편으로 물을 안정적으로 공급할 필요가 있었다. 일제가 조선을 강점하자마자 남부 곳곳에 저수지를 본격 짓기 시작한 까닭이다. 저수지를 만들면 빗물에 기대야 하는 천수답은 줄고 수리안전답이 늘게 된다. 게다가 저수지 아래 저습지를 개간하면 경지 면적 자체도 늘릴 수 있다. 마당 쓸고 돈 줍고, 도랑 치고 가재 잡고다.

일제가 만든 저수지로 유명한 것은 진주와 사천에 걸쳐 있는 두량저수지가 먼저 꼽힌다. 배수문 옆 대숲을 뒤지면 '남주제 준공 기념비'가 나온다. 옆면에 '기공 소화昭和 6년 8월 18일', '준공 소화 7년 5월 20일', '공사감독대행 조선토지개량주식회사'라 적혀 있다. 소화 6년과 7년은 1931년과 32년이다. 고작 아홉 달 만에 완공까지 마치고 이름을 남주제南洲堤라 한 것이다. 넓이 51ha에 담기는 물은 156만 7000㎥이다. 저수지

사천 두량저수지 남주제 준공기념비
앞면을 뺀 나머지 3면에는 사업 개요와 직원 평의원 등이 적혀 있다.

사천 두량저수지 전경.

언덕에는 두량숲이 들어앉아 있어 한 나절 놀이터로 딱 알맞다.

고성 대가저수지도 비슷한 시기에 만들어졌다. 여기도 배수문 가까운 제방에 기념비가 있다. '수택천추水澤千秋'라고 앞에 새겨져 있다. 물이 주는 혜택이 1000년을 간다는 말이겠다. 원래는 '준공기념비'라 새긴 빗돌이 이 위에 놓여 있었을 것 같은데 해방이 되면서 조선 사람들이 없앴으리라. 아래 본문 끝에는 '○○○ 6년 5월 31일'이라 세로로 적혀 있다. 위쪽 세 글자를 정으로 쪼아낸 것이다. 희미한 흔적을 헤아려보니 '○소화'라 여겨진다. 소화 6년(1931년)이면 두량저수지 준공 1년 전이다. 대가저수지는 두량저수지보다 크다. 넓이가 92ha, 담기는 물은 490만 2000㎥이다.

고성 대가저수지 연꽃테마공원 전망대에서 바라본 풍경.

대가저수지에는 '수호탑'도 있다. 배수문 건너편 산기슭 자리다. 4각 기단을 쌓고 단층을 올린 다음 6각 지붕을 얹었다. 일본 신사神社에 흔한 양식인데 작은 불상이 안에 있다. 당시 공사에서 숨진 이들의 넋을 위로했던 시설이다. 얼마나 험난했으면 이렇게 죽은 사람을 위한 시설까지 만들어야 했을까. 이렇게 저수지를 쌓느라 피땀을 흘렸지만 조선 농민들 살림은 풍요로워지지 못했다. 저수지 만드느라 고생하고 소작 짓느라 또 고생했다. 한국농어촌공사는 지금도 위령제를 지낸다.

고성 대가저수지 수호탑.
수리조합의 후신인 농어촌공사가 지금도 여기서 위령제를 지낸다.

두량·대가저수지는 관에서 설치했다. 조선총독부가 자금 융자를 알선하고 해당 지역 수리조합이 발주하여 조선토지개량주식회사에 측량·설계·공사·감독을 모두 맡겼다. 관에서 맡아 했으니 관설官設이라 할 수 있다. 그런데 이밖에 개인이 만든 사설私設 저수지도 있다. 사천시 용현

고성 대가저수지 준공기념비 뒷면.
당시 고성수리조합 관계자들 이름이 적혀 있었는데 대부분 지워졌다.

면 신촌리 서택西澤저수지다. 사연을 모르면 서택을 서쪽 연못이라는 뜻으로 잘못 여기기 십상이다. 하지만 실은 일본 성씨 니시자와にしざわ의 한자를 조선식으로 읽은 것이다. 서택저수지는 1935~45년 11년 동안 공사했다. 관설과 달리 강제력을 갖지 못하다 보니 동원할 수 있는 인력이나 장비가 적어서 시일이 오래 걸렸을 것이다. 반면 저수지의 넓이(7ha)와 담기는 물(23만 5000m³)은 관설보다 훨씬 작다. 일본사람 니시자와는 저수지 착공과 함께 종포~송지 1km에 방조제를 쌓고 안쪽 갯벌 73ha를 논으로 개간하기 시작하였다.(니시자와가 구체적으로 어떤 사람인지는 이번에 알아내지 못했다) 식민지 백성들의 피땀은 여기 서택 들녘에도 어려 있다.

요즘은 수질 정화용이 대세

습지는 요즘 들어 수질 오염이 심해지면서 이를 정화하는 쓰임새가 새롭게 관심을 끌게 되었다. 진주시 주약동 금호아파트 바로 앞 칠암배

수문을 통하여 물줄기가 흘러드는 둘레에 습지식물이 자라게 해 놓은 데가 있다. 진주시청에서 만든 생태습지로 수질 정화가 목적이다. 강변에는 생활체육시설도 여럿 있고 자전거길도 있다. 여기서 남강을 보면 한가운데에 땅이 솟아 있고 거기에는 수풀이 자라고 있다. 그런 사이로 물길이 흘러가는데 이를 통해서도 수질이 정화가 된다. 이런 덕분에 진주 남강 수질이 예전보다 좋아졌다는 얘기를 듣는다. 20년 전에는 남강 본류에서는 재첩을 잡는 풍경을 볼 수 없었지만 이런 덕분에 10년 전부터는 볼 수 있도록 바뀌었다.

진주금호아파트 앞 남강 풍경.

에코파크가 조성되어 있는 남해폐기물종합처리시설이 갯벌 너머에 보인다.

　남해군청은 2002년 남해읍 남변리에 환경기초시설을 들이면서 생태 물길과 연못을 함께 만들었다. '에코파크'라 하는데 하수종말처리장·농어촌폐기물종합처리장·음식물쓰레기공공처리시설 등의 침출수 정화가 주어진 역할이다. 아이들 생태학습장으로도 활용되는 에코파크는 매립하다가 그만둔 갯벌과 이어진다. 갈대를 비롯한 여러 물풀이 자라는 이 갯벌을 거쳐서 제방 너머 바다로 나가는 침출수가 하루 120t에 이른다. 바로 옆 매립이 중단된 채로 남은 갯벌을 마저 매립하는 대신 갯벌을 보호하는 시대 흐름에 맞추어 그대로 방치함으로써 수질 정화 효과를 얻는 셈이다.

5. 배후습지의 전형
진주 장재늪·서원못·연못 일대

남강이 만든 배후습지의 그윽한 풍경

작지만 전형적인 배후습지

　진주시 집현면 장흥·월평·신당마을 일대 들판에는 습지가 셋 남아 있다. 장재늪과 서원못 그리고 연못이다. 오래 전부터 여기에서 터 잡고 살아온 사람들이 붙인 이름들이다. 전부가 벼논인 일대 들판은 생김새가 네모꼴이다. 가로와 세로가 모두 2km 안팎이다. 동쪽에는 남에서 북으로 흐르는 남강이 놓여 있다. 서쪽과 북쪽은 야트막한 야산으로 둘러싸여 있다. 서쪽 야산과 북쪽 야산 사이에서는 지내천이 비집고 나와 동쪽 남강을 향하여 흘러간다. 남쪽으로는 하촌천이 서에서 동으로 흐르며 그보다 더 남쪽에 있는 들판과 구분지어 준다. 하촌천 일대가 모두 들판인 것은 아니다. 끝머리가 봉긋하게 솟아 있기는 하지만 높이가 낮아서 무슨 야산이라고도 할 수 없는 정도다.

남강은 수량이 풍부하다. 많을 때는 낙동강 전체 수량의 40%를 웃돌기도 한다. 진주는 물론 하동·산청·합천·함양·거창 등 경남 서부 지리산 자락들에 쏟아지는 빗물을 모두 쓸어 담고 흐르기 때문이다. 말이 좋아 풍부한 수량이지 홍수와 관련지어 보면 그것은 엄청난 물난리가 된다. 경호강과 덕천강이 만나 남강을 이루는 진주 서쪽 즈음(지금 남강댐 자리)에서는 더욱 불어난다. 이렇게 불어난 물이 진주를 태극 모양으로 휘감아 관통하면서 동쪽으로 빠져나가는 길목에 장흥·월평·신당마을 들판이 있다. 불어난 남강 물은 지내천·하촌천 같은 지천의 흐름을 가로막는다. 더 나아가서는 지천의 물줄기를 타고 거꾸로 상류를 향하여 거슬러 오르기까지 한다.

월평교에서 장재늪 쪽으로 바라본 습지 모습.

역류逆流와 범람이다. 일대 들판은 꼼짝없이 물에 잠긴다. 들판을 가득 덮은 물은 며칠 동안 들어차 있다가 천천히 빠져나간다. 만약 모내기철이 지났다면 나중에 물이 빠지고 나서 무슨 곡물을 대파代播해야 좋을지 생각을 해야 한다. 하지만 낮은 지대에 들어간 물은 빠져나가지 못한다. 장재늪·서원못·연못 자리다. 그런데 이들 세 습지는 야산 비탈 바로 아래에 있거나 들판 한가운데 있다. 야산 비탈 바로 아래와 들판 한가운데는 가장자리인 강가보다 높은 지대이기 십상이다. 그런데 어떻게 해서 가장자리보다 낮아지게 되었을까?

물론 강물이 범람하지 않았다면 당연히 가장자리가 더 낮았을 것이다. 하지만 범람은 거듭되었다. 때문에 물과 함께 섞여 흐르던 모래와 흙이 지내천과 남강 가장자리에 내려앉으면서 두툼하게 쌓여 높아지게 되었다. 이를 두고 자연제방이라 한다. 가장자리가 높아지면서 빠져나가는 물길이 가로막히게 되었던 것이다. 하천 뒤쪽에 배후背後습지가 형성되는 원리다. 지금은 자연제방이 원래 모습 그대로 남아 있지 않다. 장자늪·서원못·연못은 창녕 우포늪처럼 크지도 않다. 대신 한 눈에 쏙 들어오는 크기로 배후습지의 전형을 보여주고 있다.

배후습지가 낳은 홍수 관련 설화들

옛날 사람들은 배후습지를 둘러싸고 있는 둘레 야산이나 언덕 또는 자연제방에서부터 먼저 농사를 짓기 시작했다. 원래는 습지였던 것을 인간이 노동을 더하여 농지로 변환시켰다. 이런 인공은 자연스러운 것이었다. 농지에 공급되는 농업용수는 배후습지에서 나왔다. 장재늪·서

장재늪 양지바른 데 모여 볕바라기를 하는 오리떼.

원못·연못은 지금도 이런 역할을 충실히 하고 있다.

옛날에는 거의 전부가 논이었겠으나 지금은 비닐로 하우스를 지어 놓은 밭들이 많아졌다. 그렇지만 습지 풍경은 여전히 완연하다. 물버들이 바깥에 줄지어 있고 안쪽으로 가면 갈대·억새·줄·부들 같은 습지식물이 무리를 이루고 있다. 2017년 12월 3일 찾았을 때는 인상 깊은 풍경을 볼 수 있었다. 겨울철새인 오리들이 양지 바른 데 가로로 길게 모여 앉아 햇살을 따사롭게 즐기는 모습이었다. 세 곳 습지는 이처럼 자연 그대로였다. 사람들이 머물러 쉴 수 있는 시설도 없다. 사람들이 놀러 오지 않는 까닭이다. 대신 낚시꾼들이 즐겨 찾는다. 씨알 굵은 물고기가 적지 않게 잡히는 모양이다.

이런 일대에는 홍수 관련 설화가 많기 마련이다. 으뜸은 장대산이다. 장대산은 들판 서쪽 장흥 마을 뒤쪽에 있다. 옛적 이름이 잔대산이었다. 천지개벽이 되어 사방천지가 물에 잠기고 산들도 모습을 감추었는데, 잔대산만은 모두 잠기지 않고 꼭대기만 남았다. 그 모양이 제사지낼 때 쓰는 '잔대'만큼 남았다 해서 '잔대산'이라 했다는 것이다. 이 지역 물난리가 얼마나 일상적이었고 또 심했는지를 일러준다.

'월평'이라는 마을 이름도 눈여겨볼 만하다. 월평은 달月동네坪다. 옛날 이름은 수리월水裡月이라고 한다. 물水 속裡에 있는 달月이다. 일대가 물에 잠기지 않았더라면 가능하지 않은 작명이라 하겠다. 진주시청의 기록을 따르면 월평리가 장흥마을에서 독립하여 행정行政리가 된 해가 1947년이다. 이전에는 사람이 제대로 살고 있지 않아서 마을이라 할 수가 없었기 때문이리라. 일대는 야트막한 언덕배기다. 물의 드나듦을 일제가 토목기술로 막아낸 이후에야 정착해 살 수 있었던 땅이라고 보아야 한다.

절정은 장재늪이다. 장재늪에서 장재는 장자長者, 부자에서 왔다고 한다. 부자는 만석꾼이지만 인색했고 성질은 고약했다. 시주를 받으러 온 스님을 그냥 보내지 않고 쪽박까지 깨어서 쫓을 정도였다. 그러나 참한 며느리가 있었다. 며느리는 시주를 제대로 하려 했으나 시아버지가 막았다. 신통력이 있었던 스님은 그 보답으로 며느리한테 자식을 데리고 집을 떠나라 일러주면서 절대 뒤돌아보는 일은 없어야 한다고 했다. 하지만 인지상정이 그러한가. 길을 나선 며느리는 집 쪽에서 큰 소리가 나자 뒤돌아보고 말았는데 이미 살던 집터는 물에 잠겨 있었으며 며느리 또한 아들과 함께 죽고 말았다. 실은 드물지 않은 얘기다. 경남의 창녕군 영산면에 있는 장척늪에도 같은 설화가 전해진다. 물이 많이 담는 마을이라면 으레 있는 이야기로 보면 맞겠다.

장재늪 겨울 풍경

장재늪 봄 풍경

비운에 간 조지서를 위한 신당서원

서원못은 바로 앞에 서원이 있었기 때문에 생긴 이름이다. 신당서원인데, 주인공은 지족당 조지서趙之瑞, 1454~1504라는 인물이다. 조지서는 비참하게 삶을 마쳤다. 조선 10대 임금인 연산군이 세자였을 때 스승 노릇을 맡게 되면서 그런 운명이 되고 말았다. 연산군의 아버지 성종이 그이를 세자시강원世子侍講院 필선弼善, 종4품·보덕輔德, 정3품으로 임명하였다. 조선시대에는 세자를 가르치는 벼슬아치를 통칭하여 서연관書筵官이라 하였는데 그 직책상 성품이 방정단직方正端直한 이를 골라 썼다고 한다. 조지서는 이에 걸맞게 반듯하고 곧아서, 시류에 쓸리거나 굽히지 않았다고 한다. 세자를 제대로 가르치려고 눈물까지 흘려가면서 간諫할 정도로 무던하게 애썼던 모양이다. 그러다 보니 공부하기를 극도로 싫어했던 세자로부터 크게 미움을 사게 되었다. 연산군은 임금이 되자 조지서를 벼슬자리에 쓰지 못하게 하고 여러 차례 꼬투리를 잡아 벌주려 했다. 그러다 결국은 갑자사화에 얽어매서는 때려죽이고 말았다. 조지서는 연산군이 임금 자리에 오른 1495년 창원부사를 그만둔 뒤 줄곧 진주에 살고 있었다.(아마도 지금 서원못이 있는 일대였겠다) 〈연산군일기〉에 이렇게 나온다. 1504년 갑자사화 때 일이다.

"의금부 낭청 박기朴基가 조지서를 잡아 왔다. (연산군이) 명하여 당직청에서 국문하게 하였는데, 지서가 비중肥重한 몸으로 결박을 당하니 숨이 막혀 형장 3대를 맞고 그만 죽어 버렸다. 그러자 전교하기를, '당직청에서 곧바로 머리를 베어 철물전 앞에 효수梟首하고 시체는 군기시軍器寺 앞에 두라'고 하였다. 죄명은 '제 스스로 높은 체하고 군상君上을 능멸한다'는 것으로 찌를 써서 달아매고, 백관들로 하여금 차례로 서서 보게 하였다. 그때 밤이 4경이었다."(1504년 윤4월 16일)

연산군은 이어서 "능지凌遲하여 시체를 팔도에 전달하고 가산을 몰수하며, 죄명을 판자에 새겨서 분명히 보이라"(윤4월 17일), "머리를 팔도에 조리돌린 후 구렁에 버려두라"(윤4월 28일), "뼈를 부순 가루를 강 건너에 날리라"(1505년 1월 26일)고도 하였다. 머리를 자르는 효수로도 모자라 몸뚱이에서 팔과 다리까지 잘라내는 능지처참까지 자행할 정도였다.

이태 뒤 1506년 중종반정이 일어나면서 조지서는 곧바로 사면·복권되었다. 도승지에 추증되었고 청백리로 꼽히기도 했다. 그러나 이미 죽은 몸이었다. 지역 선비들이 서원못 앞에 조지서를 모시는 신당서원을 세운 때는 그로부터 200년가량이 지난 1710년이었다. 1718년에는 당시 임금 숙종이 편액을 내리고 제문祭文까지 몸소 지어주었다. 여기에는 당시 정황이 이렇게 적혀 있다.

"사악함 막고 착함을 펼치고, 이치 나타내고 욕망은 막았네. 동궁이 생각지도 듣지도 않으니, 마치 물에다 돌을 던지는 격이었네. …… 도道 있는 임금이건 없는 임금이건, 사어史魚, 중국 춘추시대 위나라 대부로 주군 영공을 위하여 죽어 시체가 되어서도 멈추지 않고 간(諫)하였다고 한다의 강직함 꺾지 못했네. 말의 기운은 더욱 엄하게 하고, 강학講學 권유를 날로 강하게 했네. 사람들은 나를 위해 두려워하지만, 나로서는 나의 직책 다해야겠도다. 어지러이 뒤집힌 시대 만나서, 몸이야 시골로 돌아왔지만, 충직忠直한 것 탈로 잡아, 그 원한 혹독酷毒했도다. 마침내 사화士禍에 걸려들어, 자신은 죽임 당하고 일족 멸하니(그러나 <중종실록>을 보면 자식과 아내는 목숨을 잃지 않고 살아남았다), 하늘과 땅이 캄캄해졌다네."(경상대학교 한문학과 허권수 명예교수 번역) 지금도 서원못 바로 앞 길가 공터에 이 제문을 새긴 빗돌(진주장흥리숙종사제문비)이 있다. 신당서원은 흥선대원군의 서원철폐령1871년으로 헐리어 없어졌고 지금은 1857년 마당에 세워졌던 이 사제문비만 남아 있다. 어쨌거나 서원못은 신당서원이 생기기 이전에도 있었을 것이다. 사람 평생 한 목숨은 그 곡

진주 장흥리 숙종 사제문비각.

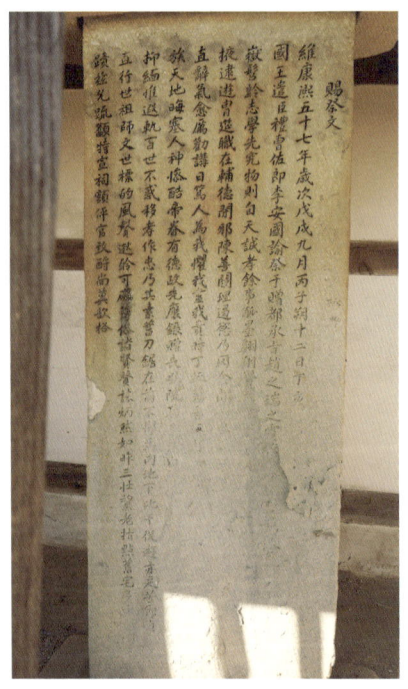

진주 장흥리 숙종 사제문비각 안에 있는 비석 몸돌.

연못은 도로가 지나는 다리 아래에 자리를 잡고 있다.

절이 많든 적든 산천에 견주어 보면 턱없이 짧다는 생각이 절로 든다.

세 곳 습지 가운데 연못은 찾아가기 쉽지 않다. 들판 가운데 있는 데 더하여 농로도 가닿지 않기 때문이다. 반면 장재늪과 서원못은 바로 옆에 도로가 반듯하게 나 있어서 어렵지 않게 걸음할 수 있다. 풀과 나무도 우거져 있어서 전체 풍경이 푸근하고 그윽한 느낌까지 준다. 그렇지만 주변 환경은 어지럽고 거칠다. 건축자재 따위와 생활쓰레기가 곳곳에 널려 있고 안내팻말조차 하나 마련되어 있지 않다. 일대를 돌아다녀 보면 진주시청이 나서서 둘레를 꾸미고 가꾸면 좋겠다는 생각이 든다. 일대 환경을 좀 더 안정적으로 만드는 데 필요한 일이기 때문이다. 그렇게만 된다면 우리에게는 언제든지 손쉽게 찾아가 편히 노닐면서 거기에 어린 사람살이의 역사까지 함께 더듬어볼 수 있는 습지가 하나 더 늘어나는 셈이다.

6. 창녕 우포늪

'어우러져 살아라' 토평천이 낳은 교훈

'국내 최대 내륙습지'의 함의

창녕 우포늪은 우리나라 내륙습지 가운데 가장 크다. 우포·목포·사지포·쪽지벌 넷으로 이루어져 있다. 우포는 127만 8285㎡, 목포는 53만 284㎡, 사지포는 36만 4731㎡, 쪽지벌은 13만 9626㎡다. 모두 더하면 231만 2926㎡, 대략 70만 평인데 2012년 2월 습지보호지역으로 지정된 면적은 주변까지 포함하여 3배가 넘는 850만㎡다.

우포늪은 토평천이 낳았다. 토평천은 창녕에서 가장 높은 화왕산과 그 북쪽 열왕산에서 흘러내려 고암면 청간마을에서 물줄기를 제대로 이룬다. 토평천은 비탈진 골짜기를 빠르게 흐르다가 고암면 중대·도야마을에서 중대천·도야천을 만나면서 느려진다.

우포늪의 일부인 사지포늪.
이태리포플러가 독특한 풍경을 연출하고 있다.

함께 흐르던 흙·모래·자갈·돌들이 쌓여 평평하고 너른 벌판이 생겼고 사람들은 이를 논밭으로 일구었다. 논밭은 대지면 효정·모산리를 지나 창산교 하류까지 이어진다.

환경부가 정한 우포늪 습지보호지역의 공식 시작지점은 창산교 다리이다. 굳이 따지자면 우포늪은 1km 남짓 더 내려가야 만난다. 습지보호지역에서는 농약·화학비료를 쓸 수 없고 낚시질도 할 수 없다. 거리를 두고 해야 나쁜 물질을 넉넉하게 걸러낼 수 있다. 습지보호지역이 끝나는 지점도 마찬가지다. 우포늪의 막내격인 쪽지벌을 한참 지난 2.5km 즈음이다. 습지보호는 우포늪을 해칠 수 있는 인간 활동을 그만큼 멀리 떼어놓으려는 뜻이겠다.

생각해 보면 우포늪도 바로 위쪽 논밭과 다를 바가 없다. 두 곳 다 평평하고 널찍하다. 예전에는 수풀 우묵하게 자라는 다 같은 습지였다. 그럼에도 왜 위쪽은 논밭이 되고 아래쪽은 옛날 그대로 습지로 남았을까? 간단하다. 홍수 시기 낙동강이 역류하는 정도에 따라 농지와 습지의 경계가 결정되었다. 아래쪽은 큰물이 지면 토평천이 넘쳐흘러 범람하기 때문에 농지로 개간할 수 없었던 것이다. 하지만 위쪽은 그렇게 되지 않았기에 개간이 가능했다.

그런데 낙동강 건너편 함안은 습지가 창녕보다 더 많았다. 지금은 함안은 습지를 대부분 잃었고 창녕은 그렇지 않다. 왜일까? 가장 큰 차이는 창녕에서는 없어진 그 습지가 대부분 농지로 바뀌었지만 함안에서는 대부분 주택이나 공장이 되었다는 데 있다. 경상남도람사르환경재단이 2014년 12월 펴낸 〈태고의 신비를 간직한 우포늪-소벌·나무벌·모래벌·쪽지벌〉 42~47쪽을 정리하면 이렇다.

"1918년에서 2009년 사이 창녕 습지는 783㏊에서 350㏊로 433㏊ 줄었다.

우포늪 사지포제방에서 언덕에 오르면 250살 넘은 팽나무가 나온다.
여기서 쪽지벌 쪽을 바라보면 아득한 풍경이 눈에 들어온다.

팽나무 아래에서 바라보는 우포늪 전경.

그 원인을 알아봤더니 92%가 농경지(제방 포함)로 바뀌었고 나머지 8%는 도로였다."

함안 쪽은 이런 자료를 찾아보지는 못했지만 그냥 듣고 본 것만으로도 공장·주택용 매립이 압도적으로 많다. 공장·주택은 옆에 습지가 없어도 되지만(어쩌면 없을수록 좋지만) 농경지는 습지가 가까이 있을수록 물을 공급받을 수 있으니까 좋다. 함안에서는 습지를 메워 주택과 공장을 지으면서 옆에 있던 습지까지 없앴다면 창녕에서는 습지를 개간하여 거의 전부 농지로 만들면서 옆에 있던 습지는 농사짓는 데 활용하기 위해 그대로 두었다고 할 수 있다. 습지를 논밭으로 활용하는 것은 시대 상황에 따라 충분히 가능한 일일 뿐만 아니라 그렇게 해서 남게 된 습지를 계속 보전하는 데에도 어쩌면 보탬이 된다는 얘기다.

신당마을에 남은 독특한 기와집

우포늪 둘레에서 사람들은 이렇게 살았다. 우포늪 가장자리를 개간해 논밭을 장만하는 것은 기본이었다. 이에 더해 마름 열매(말밤)·가시연꽃 씨앗·올방개 뿌리 등등까지 식용으로 썼다. 잉어나 붕어·가물치 같은 물고기는 물론이고 논고둥까지 반찬으로 삼거나 장에 내다팔아 살림살이에 보탰다. 사는 집도 마찬가지였다. 주변 야산의 나무로 기둥을 세우고 들보를 걸쳤으며 조개껍데기 박힌 진흙을 개어 벽으로 삼았다. 담장을 쌓을 때는 늪바닥 진흙이 굳어 만들어진 이암(泥岩, 썩돌)을 진흙과 함께 넣었고 지붕을 이을 때는 볏짚은 물론 갈대와 물억새까지 베어다 말려 썼다. 이런 자취들은 세진·장재·신당·주매·대대마을 등 곳곳에 남아 있다.

허물어지고 시들어가고 있기는 하지만 아직 사라지지 않았다.

사지포와 등을 맞대고 있는 대합면 신당마을에는 구조가 독특한 기와집이 한 채 있다. 먼저 앞쪽에는 가운데 대문을 낀 행랑채가 있다. 대문 안쪽에 사랑채가 없고 안채만 오른편에 있다. 소마구는 안채 저쪽에 있고 곳간은 정면 맞은편에 있다. 가장 색다른 것은 안채였다. 좁은 공간에 지붕기울기를 지나치게 가파르지 않게 하려다 보니 그렇게 된 것

우포늪 부근 신당마을에 있는 한옥의 안채.
부엌이 가운데 있고 방이 겹으로 되어 있으며 마루가 왼쪽으로 치우쳐 있으면서
비정상적으로 넓은 점 등 구조가 독특하다.

같았는데 먼저 용마루가 지나치게 짧았다. 부엌도 좌우에 하나씩 방을 끼고 만들어져 있어서 한 쪽으로 치우쳐 있는 여느 경우와 달랐다. 방 두 개에 앞마루를 달아붙인 것은 예사로웠지만 한가운데 대청이 없고 대신에 안채 왼쪽 전체의 4분의 1이 대청마루여서 독특했다.

격식 따위에는 전혀 신경 쓰지 않고 오로지 사는 사정에 맞추어 지

은 흔적이 뚜렷했다. 이를 통하여 집주인의 신분이나 의식이 살짝 엿보이는 것 같은 느낌도 들었다. 어쨌거나 이렇게 별난 구조가 어떻게 만들어지게 되었는지 궁금하여 동네 할매들한테 물었다. 사랑채는 애초 없었고 그래서 행랑채 한 칸이 바깥주인 거처였다고 했다. 용마루가 왜 좁은지 대청이 왜 넓은지에 대해서는 모른다는 답이 돌아왔다. 다만 집주인이 논밭을 대략 30마지기 넘게 하는 작지 않은 자작농이었고 그래서 동네 머슴 둘을 썼다는 얘기는 들었다. 전체적으로 볼 때 구조가 독특하고 지은 지 50년은 충분히 지난 듯해서 누구든 조금만 관심을 갖고 애를 쓰면 완전히 허물어지기 전에 어렵지 않게 문화재 공식 지정이 가능할 것 같았다.

'물슬천', 그리고 '우포'와 '누포'

지금 토평천을 옛적에는 물슬천勿瑟川이라 했다. 물勿은 물水을 나타내는 한자 소리고 슬瑟은 동쪽을 뜻하는 옛적 토종말 '쇠' '소' '새'를 나타내기 위한 한자 소리이며 천川은 시내를 가리키는 한자 뜻이다. 그러므로 큰물(낙동강) 동쪽에 있는 시내가 바로 물슬천이다.(우포와 목포 경계지섬에 토평이라는 마을이 있었다. 물슬천의 새 이름 토평천은 이 마을 이름에서 비롯되었으리라 짐작된다)

우포의 옛 지명은 두 개가 확인된다. 하나는 누포漏浦이다. 〈대동여지도〉(1861년)에 '물슬천'과 함께 적혀 있다. '샐 누漏'는 앞에서 본 슬瑟과 마찬가지로 동쪽을 이르는 옛 토종말 '쇠' '소' '새'를 적기 위한 한자이고 포浦는 물가를 뜻한다. 다른 하나는 지금과 같은 우포牛浦인데

〈지방지도〉(1872년) 창녕편에 나온다. 우포에서 '소 우牛'도 옛적 토종말 '쇠' '소' '새'를 나타내기 위하여 종종 불려나오곤 했던 한자다. 그러므로 이 둘을 아우르면 누포가 되었든 우포가 되었든 (낙동강의) 동쪽에 있는 습지를 뜻한다고 보는 편이 합당하다. 우리말로는 새벌소벌이다.

하지만 지금은 우포가 모양이 소牛를 닮아서 붙은 이름이라는 얘기가 더 널리 퍼져 있다. 실제 우포와 목포를 북서쪽 위에서 남동쪽 아래로 가르는 산자락이 소가 입을 벌린 것처럼 보이기도 한다.《대동여지도》에는 물슬천 서쪽에 우항산牛項山이 표기되어 있다. 우항은 우리말로 소목이다. 지금 소목마을과 우항산은 앞서 소가 입을 벌린 것 같은 그 산자락에 있다》 이렇게 짐작해보면 어떨까. 처음에는 어찌되었든 적어도 1800년대 후반부터는 우리말 발음 '소'가 동쪽을 뜻하는 기능을 잃기 시작하였다. 그래서 '소'라 하면 대부분은 소牛를 떠올리게 되었는데 게다가 옆 산자락이 소대가리처럼 생기기까지 하였다.

덧붙여 일러놓을 것이 있다. 〈동국여지승람〉에 '물슬천'·'이지포梨旨浦'와 함께 나오는 '누구택樓仇澤'을 두고 우포의 옛 이름이라고 짐작하는 이들이 있다. 하지만 이는 잘못이다. 누구택에서 '누구樓仇 또는 樓句'는 유어면에 있는 '미구尾九 또는 彌九'마을의 옛 이름이다. 지금 미구마을에는 바로 앞에 팔락늪이 있다. 1860년대 펴낸 〈해동지도〉에서는 미구지尾仇池로 나온다. 그러므로 누구택은 팔락늪미구지의 옛 이름일 뿐 우포의 옛 이름은 아니다. 마찬가지로 〈동국여지승람〉에 나오는 이지포를 두고 습지이리라 지레짐작하고는 그게 지금 어디일까 찾는 사람도 있다. 결론부터 말하면 이지포는 특정 습지의 이름이 아니고 나루의 이름이다. 토평천이 낙동강으로 몸을 푸는 어귀에 있었다. 지금도 근처에 '이지'마을이 있다.

'팔락정'과 '가항'

창녕에는 한강 정구寒岡 鄭逑, 1543~1620라는 인물이 1580~81년 현감으로 있었다. 경북 성주 출신으로 남명 조식과 퇴계 이황한테서 두루 배웠다. 정구는 보통 인물이 아니었다. 〈선조수정실록〉 1580년 4월 1일자 '정구를 창녕 현감으로 삼다'는 기사를 보면 이렇다. "여러 차례 벼슬을 제수하였으나 나오지 않다가 이때에 비로소 소명을 받고 현으로 부임하였다." 더군다나 묻고 답한 끝에 선조 임금은 이렇게 말했다. "그대가 명성을 얻은 것이 헛소문이 아니었다." 당시 수령은 칠사七事-농상성農桑盛·호구증戶口增·학교흥學校興·군정수軍政修·부역균賦役均·사송간詞訟簡·간활식奸猾息을 잘 해야 했다. 정구는 이를 두루 잘해 백성들 살림살이를 나아지게 했다. 창녕 사람들은 임기를 마치고 떠날 때 한강 정구를 위하여 생사당을 지을 정도였다.

창녕 우포늪 가까운 미구마을에 있는 팔락정.
한강 정구가 현감으로 있을 때 지은 여덟 개 서당 가운데 하나다.
현판 앞에 가로 걸려 있는 바지랑대는 동제 지낼 때 쓰는 물건인데 끄트머리에 꿩깃이 꽂혀 있다

정구는 학교흥을 위하여 마을마다 정자를 세우고 서당으로 삼았다. 모두 여덟이었는데 우포늪 가까이 미구마을에 팔락정이 남아 있다. 여기 정자 이름을 팔락八樂, 여덟 가지 즐거움이라 한 데는 까닭이 있다고 한다. ① 맹호도강猛虎渡江, ②원포귀범遠浦歸帆, ③평사낙안平沙落雁 등은 다른 데서도 쉽사리 볼 수 있지만 나머지 다섯-④전정괴수前庭槐樹, ⑤후원오죽後園烏竹, ⑥서교황맥西郊黃麥, ⑦북지홍련北池紅蓮, ⑧역수십리逆水十里는 그렇지 않다. ③ 이후를 재구성해 보면 이렇다. '팔락정 앞과 뒤에 회화나무와 까만 대나무가 들어서 있고 여기서 바라보는 낙동강 있는 서쪽 들판에는 보리가 누렇게 익어가네. 북쪽 연못에는 연꽃이 붉게 피었고 (낙동강은 북에서 남으로 흐르건만) 마을 앞 냇물은 (남에서 북으로) 십리를 역류하네.' 지금도 언덕배기 팔락정에 서면 비슷한 풍경이 눈에 들어온다. 다만 낙동강 제방이 너무 높게 쌓였고 홍련이 피던 북지는 아무래도 들판 개간하는 데 들어갔지 싶을 뿐이다.(그래서 지금은 없어진 것이겠지)

미구마을 물줄기는 가항마을 앞을 지나 토평천까지 이어진다. 가항마을은 말하자면 이 두 줄기 물길에 둘러싸인 형상이다. 한강 정구 시절에는 낙동강이 역류하면 토평천이 마을로 범람해 들어오곤 했다.(그런 내력 때문인지 지금도 마을 앞에 가항늪이 있다) 마을 뒤편 야산 목덜미項가 꺼져 있었기 때문으로 여기를 한강 정구가 돋우게加 했다. 그런 뒤로는 수해가 사라져 집과 논밭이 두루 안전해졌는데 이 때문에 마을 이름이 가항加項이 되었다. 조선 시대 토목건축 가운데 지금까지 그 내력이 전해져 오는 드문 사례다.

왕버들이 둘러싸고 있는 우포늪.

으뜸 쓰임새는 인간이 얻는 위로

이런 역사와 문화를 간직한 우포늪도 지금 우리한테 으뜸 쓰임새는 위안이고 위로다. 사람들 세상살이는 원래부터 고달프게 생겨먹었다. 그런데다 날로 경쟁이 심해지니 그만큼 몸도 다치고 마음도 다친다. 그런 사람들이 우포늪에 스며들어 몸을 추스르고 마음을 어루만진다. 무엇보다 우포늪이 아름답고 다채롭기 때문일 것이고 그런 우포늪이 사람과 동떨어져 있지 않고 함께하는 공간이기 때문일 것이다. 사람과 더불어 어우러지는 습지는 이제 우리나라에 그다지 흔치 않게 되었다. 바닷가 갯벌을 빼고 내륙습지로는 우포늪이 거의 유일하지 싶다.

우포늪 나들머리는 곳곳에 있다. 어디에서 들어가든 즐겁게 누릴 수 있다. 사람들이 가장 많이 찾는 데는 우포늪생태관이 있는 곳이다. 하지만 앞으로는 습지를 온몸으로 누릴 수 있는 우포늪생태체험장으로 사람들의 발길이 잦아질 것 같다. 우포늪생태체험장에서 이쪽저쪽 갈래길을 따라 우포늪으로 들어가면 우포늪생태관이 있는 쪽보다 더 멋진 풍경로와 탐방로가 있다.

우포늪 한 켠의 거룻배.
바지랑대로 바닥을 밀어서 움직인다.

우포늪을 좀더 깊숙하게 제대로 누리려면 이런 데를 찾으면 된다. 출발점만 적자면 대충 이렇다. 창산교, 징검다리(사초군락), 왕버들군락, 출렁다리. 헤매면 어떻게 하느냐고? 미리 지도를 한 번 보시라. 그렇게 하고서도 현장에서 헷갈리면? 좀 헤매도 된다. 헤매는 것도 우포늪을 누리고 만나는 과정의 하나다. 그래도 아쉽거든 동네사람이든 다른 탐방객이든 아니면 안내원이든 만나지는대로 물으면 된다.

그러나 무엇보다도 습지는 사람 아닌 동·식물들의 삶터다. 우포늪에서 멧돼지를 바로 눈앞에서 본 적이 있다. 신당마을과 장재마을 사이 자드락 숲길을 걸어가다가 모랭이를 하나 돌았더니 두 마리가 저기쯤 있었다. 40~50년 전 집에서 치던 돼지처럼 색깔이 까맸다. 하나는 덩치가 있고 다른 녀석은 조그마했다. 속으로 '우와 멧돼지다!' 하면서 가방에서 카메라를 꺼내려고 부스럭거렸다. 그랬더니 바로 인기척을 알아차리고는 곧장 언덕배기로 숨어들어가 버렸다. 멧돼지는 사람이 공격하지 않으면 대부분 먼저 달아난다.

이런 적도 있다. 아침이라 하기는 늦고 낮이라 하기는 조금 이른 시간대. 250년을 넘긴 팽나무가 서 있는 언덕배기를 향해 걷던 길이었다. 대략 100m 정도 떨어진 습지 안쪽 평지에서 노루가 한 마리 뛰어놀고 있었다. 고라니가 아닌 것은 몸통 여러 곳에 하얀 얼룩이 져 있어서 알 수 있었다. 야트막하고 동그마한 물버들들과 그에 조금 못 미치는 수풀 사이에서 사방으로 왔다갔다 뛰어 다니고 있었다. 처음에는 무슨 뒤쫓는 존재가 있어서 저러나 싶었다. 하지만 아니었다. 노루는 그냥 제 풀에 겨워 마냥 신이 나 있는 것 같았다. 그러는 모양을 한참 넋 놓고 바라보았다. 저기는 그러니까 인간의 영토가 아니었던 것이다.

7. 마동호갯벌

역사·문화유적·생태계 모두 풍성한 보물창고

해방 이후 전국 최초 간척

마동호 갯벌을 한 바퀴 둘러보는 시작점은 간사지교가 적당하다. 고성군 마암면 삼락마을과 거류면 거산마을을 잇는 다리다. 여기 오면 까만 오석烏石으로 만든 조그만 빗돌이 있다. '국회의원 벽산 김정실 선생 공적비'다. 김정실1904~1969은 고성읍 출신으로 1950년 6·25전쟁 직전인 5월 총선에서 무소속으로 고성 지역 국회의원에 당선되었던 사람이다. 1988년 2월 세웠다는 비문을 보면 김정실의 공적은 이렇다.

'선생은…… 가난한 농민들에게 농사지을 제 땅을 갖도록 하고자 혼신의 노력을 다하였다. …… 제2대 국회의원이 되자 곧 1951년 피난정부의 어려운 재정과 당시 상황에서 불가능한 것으로 여겨졌던 지역민들의 숙원사업인 고성 간척지 조성사업을 온갖 열정을 다해 마침내 이루어내였으니 이는 해방 후 전국에서 처음으로 이루어진 간척사업이었다. 1951년 지역 유지 천경두씨와 추진위원회를 구성 1952년 3월 총사업비 3억 6천만 원으로 착공하여 60년 12월 준공된 이 간척 농지는 쏙시개의 버려진 황량한 갯벌에서 이제 경지면적 백여 정보에 년간 3천여 석의 쌀을 생산하는 기름진 옥토가 되어 거류·마암·고성 3개 읍면에 속한 7개 부락 3백여 농가에 생의 터가 되고 있다'

국회의원 벽산 김정실 선생 공적비.
1950년대 고성 간척지 사업을 칭송하는 내용이다.
왼쪽은 당시 만들었던 거산방조제와 간사지교이고 오른쪽 1998년 새로 만든 다리이다.

9년에 걸친 간척사업이었다. 마동호 갯벌에서 육지 가까운 안쪽 100 ha$^{30만\,평}$는 논으로 개간되었다. 바깥에는 거산방조제와 간사지교를 이어 붙여 바다를 막았다. 500m 가량 되는데 이전에는 배를 타야 건널 수 있었다. 지금 쓰는 다리는 1998년 만든 새로 만든 것이다. 차량이 다니지 않는 옛 다리에는 수문이 달려 있다. 바다에서 짠물이 올라오지 않도록 막는 구실이다. 이렇게 소금기를 줄여야 개간한 농지가 염해^{鹽害}를 덜 받기 때문이다.

간척사업을 한 뒤에는 여기를 '쏙시개'라 하지 않았다. 무엇이라 했을까? 지금처럼 '마동호'라 했을까? 아니었다. '간사지^{干沙地}'라 했다. 사전을 보면 간사지는 "'간석지^{干潟地}의 비표준어"라 적혀 있다. 방패^{干}처럼 생긴 펄^{潟}이 밀물·썰물에 따라 잠겼다 드러났다 하는 땅^{地}이 간석지다. 간단하게 말하면 개펄을 모래^{沙}로 착각하는 바람에 생겨난 이름이라 하겠다. 이런 보통명사가 고성에 와서는 특정 지역을 가리키는 고유명사가 되었다. 그런데 지금 사람들은 간사지를 마동호라 한다. 왜일까?

생김새 독특한 거산리지석묘

간사지교에서 거산방조제를 건너 맞은편 거산삼거리로 간다. 1010호 지방도로 거산삼거리 언저리에서 마동호 갯벌을 돌아보면 들판 한가운데 고인돌이 하나 솟아 있다. 거산리지석묘인데 모양이 독특하다. 보통 고인돌은 땅바닥에 있지만 이 고인돌은 사람 키보다 높은 축대 위에 있다. 원통 모양 축대에는 오르내릴 수 있도록 돌계단도 있다. 고성군청 문화관광과에서 붙인 안내문은 이렇다.

'… 무덤방 위에 거대한 덮개돌을 덮은 선사시대의 무덤으로 고인돌이라 부르기도 한다. 대부분 무덤으로 쓰이지만, 공동무덤을 상징하는 묘표석 혹은 종족이나 집단의 모임이나 의식을 행하는 제단으로 사용하기도 했다'

첫째 문장은 어디서나 쉽게 볼 수 있지만 둘째 문장은 드물게 보는 내용이다. 2000년 전 청동기시대 사람들이 하늘에 제사를 올리던 자리인 셈이다. 그리고 보니 축대 위 덮개돌이 예사롭지 않다. 표면이 편평한 돌이 적당하게 기울어져 있어 하늘로 오르는 상승감이 느껴진다. 요즘도 거산마을 사람들은 여기서 섣달그믐에 동제洞祭를 올린다고 한다.

이 들판에 논이 먼저였을까? 고인돌이 먼저였을까? 당연히 고인돌이 먼저다. 그 때 고인돌이 하나밖에 없었을까? 여러 개 있었을까? 김해 율하리 청동기시대 유적지를 보면 죽어서 묻히는 공간과 살아서 생활하는 공간은 뚜렷하게 구분되어 있었다. 죽은 이를 위한 장소와 산 사람이 살아가는 장소 사이에는 솟대로 경계까지 표시했다. 솟대 저 너머에는 여러 고인돌들이 일정한 영역에 모여 있다. 요즘으로 치자면 공동묘지라고나 할까.

그렇다면 다른 고인돌들은 어떻게 되었을까? 거산방조제로 자연스

축대 위에 놓인 거산리지석묘.
오르내릴 수 있도록 계단이 갖추어져 있다.

거산리지석묘의 상판.
적당한 각도로 기울어져 있어 상승감이 느껴진다. ⓒ김덕성

레 눈길이 간다. 60년 전 춥고 배고팠던 시절에는 동원할 수 있는 수단이 사람이 지는 지게나 소가 끄는 구루마 아니면 트럭 정도가 고작이었다. 방조제 바닥에 까는 돌을 멀리서 가져오는 것은 상상도 할 수 없었겠지. 가까이에 커다란 바위가 널려 있다면 더욱 그랬을 것이다. 여기 있던 여러 고인돌들이 바다 밑에 가라앉아 2000년 뒤 후손들을 위하여 방조제의 기초가 되어준 셈이다. 고인돌들이 그대로 남았다면 지금 이 거산리지석묘와 함께 훌륭한 문화유산으로 대접받지 않을까 하는 아쉬움을 달래보자고 하는 흰소리다.

고인돌 가까운 길섶에는 둠벙도 있다. 크지는 않은데 모양이 단정하다. 갯가에 흔한 퇴적암을 일정한 크기로 떼어내어 벽면을 쌓아올렸다. 지금도 농사에 활용되고 있는 모양인지 안에는 물이 넉넉하게 고여 있다. 둠벙은 오랜 농경문화의 산물이다. 이런 역사·문화 유적들이 어우러져 있는 데가 바로 마동호 갯벌이다.

경남 최대 규모 갈대밭

거산마을에서 논밭을 가로지르는 농로를 따라 들어가면 마동호 갯벌의 서쪽 부분과 만난다. 경남에서 가장 너르고 상태도 가장 좋은 갈대밭이 바로 여기다. 바람이 불면 집단으로 출렁인다. 겨울에는 추워서 '오소소' 소리를 내고 여름에는 시원하다고 '쏴아쏴아' 소리를 낸다. 가을볕에 초록색이 빠져나가고 나면 잎사귀는 내려쬐는 햇볕을 되쏘는 장면이 눈부시다. 갈대는 제방 너머 간척지에도 있다. 농사를 짓는 논에는 없다. 반면 묵정논이나 송전철탑 자리에는 있다. 갈대는 사람 손길이

미치지 않는 그 순간을 틈타 땅속뿌리를 재빨리 내뻗는다. 습지 생태의 놀라운 복원력이라 하겠다.

  지금 눈에 보이는 갈대밭이 예전에도 갈대밭이었으리라 여기기 십상이다. 하지만 그렇지는 않다. 옛날 쪽시개 시절에는 고성천이 용산천을 비롯한 여러 물줄기를 쓸어담고 내려왔다. 그래서 흐름이 세었는데 1960년 거산방조제·간사지교가 들어서고 약해졌다. 옛날 같으면 물살에 쓸려 나갔을 것들이 방조제 안쪽에 쌓이기 시작했다. 그렇게 퇴적된 바가 있으니까 그 위에서 갈대가 자라난다. 갈대는 바닷물에 잠기지 않으면서도 소금기가 있는 땅을 좋아한다.

마동해 갯벌의 갈대밭.
경남에서 가장 넓다고 할 수 있다.

사람에게는 이런 갈대밭이 그냥 보기 좋은 풍경일 따름이다. 하지만 다른 생물들에게는 그렇지 않다. 집이기도 하고 호텔이기도 하면서 동시에 조산소·식당·유치원 노릇도 한다. 곤충들은 펄이나 잎사귀에 알을 낳고, 벌레가 깨어나면 잎사귀를 양식으로 삼는다. 새들은 벌레와 곤충을 먹기 위하여 갈대밭에 날아들고, 힘센 짐승을 피하기 위하여 갈대밭 덤불에다 둥지를 틀기도 한다.

갈대는 이처럼 다른 많은 생명들을 품는다. 마동호 갯벌에 희귀한 새들이 많은 까닭이다. 경상남도람사르환경재단의 〈마동호의 가치 제고를 위한 현황조사 보고서〉(2012. 12)를 보면 이렇다. 환경부 지정 멸종위기동물 1급이 넷(황새·저어새·매·두루미)이고 2급이 열다섯(노랑부리저어새·큰고니·큰기러기·물수리·독수리·잿빛개구리매·알락개구리매·붉은배새매·조롱이·흰죽지수리·흑두루미·재두루미·검은머리갈매기·수리부엉이)이다. 천연기념물로 보호받는 새도 둘(원앙·황조롱이)이 더 있다.

마동호 갯벌에서 노니는 철새들. ⓒ김덕성

지구의 역사를 켜켜이 담은 암석

갈대밭 말고 다른 풍경을 보고 싶으면 다리를 하나 건너 동쪽으로 가면 된다. 세월교라고, 콘크리트로 만들었는데 홍수가 지면 물에 잠기는 잠수교다. 건넌 다음에 간사지교가 있는 쪽으로 걷다 보면 갈대밭 너른 풍경은 어느 결에 멀어진다. 대신 갈대에 가려 볼 수 없었던 새들이 나타난다. 새들은 길쭉하게 드러난 펄에서 쉬다가 다시 물에 들어가 먹이를 잡는다.

마농호 갯벌 주변 곳곳에 자리잡은 해식애.
지구의 역사가 켜켜이 쌓여 있다.

조금 더 가면 '해식애'도 나타난다. 바위가 바닷물에 깎여나가면서 만들어진 절벽이다. 진흙 따위가 쌓이면서 굳어진 퇴적암이기에 파도에 좀더 쉽게 깎였겠지. 전북 부안의 변산반도 채석강처럼 아주 멋지고 웅장하지는 않다. 그래도 앞에 서면 이런 생각이 든다. '저게 퇴적암이라지? 저렇게 두껍게 쌓이려면 얼마나 많은 세월이 흘러야 했을까? 굳어서 바위가 되려면 또 얼마나? 굳어진 바위가 지하에서 솟아오르는 데는? 솟아난 바위를 파도가 얼마나 핥아야 저리 깎일 수 있을까?' 이렇듯 지구의 세월이 24시간이라면 인간의 생명은 0.1초도 되지 못한다.

'마'암면과 '동'해면에서 따온 마동호

거산방조제로 돌아와 바깥바다를 바라본다. 대략 2.5km 떨어진 거리에 마동호 방조제가 보인다. 마암면 보전리에서 동해면 내곡리까지 834m를 이었다. 농어촌공사는 2002년 방조제 공사를 시작하면서 안쪽

새로 들어선 마동호 방조제.
커다란 수문이 여럿 달려 있다.

을 담수호로 만든다고 했다. 이 담수호 이름이 마동호다. 마암면과 동해면에서 첫 글자를 땄다. 넓이는 408ha이고 저수 총량은 740만 톤이다. 농업용수 개발이 목적이라지만 농경지와 농민이 줄어드는 현실은 무시되었다. 반대가 거세지면서 '마동호'이라는 이름이 많이 오르내렸다. 이런 과정을 겪으며 '마동호'가 '간사지'를 대신하게 되었다.

어쨌든 마동호의 담수화가 말이 안 된다는 것은 경기도 시화호가 말해준다. 담수호를 만들려면 바닷물을 막아야 한다. 1994년 완공된 시화호는 바닷물의 흐름을 막으면서 오염이 극심해졌다. 1997년 다시 수문을 연 뒤에도 시화호는 오염사고를 냈다. 그 탓에 2000년 특별관리해역으로까지 지정되었다. 우리나라에서 가장 썩은 바다로 공인된 셈이다. 2021년 완공을 목표로 거의 다 만든 마동호도 방조제에서 수문을 닫는 순간 시화호처럼 되고 말 것이다.

8. 검포갯벌

장구한 역사 속 겹겹이 쌓인 '삶의 흔적'

작은 가야? 센 가야!

고성군은 땅 모양이 반도半島처럼 생겼다. 북서쪽으로 육지와 이어져 있고 나머지는 바다로 둘러싸여 있다. 고성반도는 알파벳 'T'자를 대충 오른쪽으로 뉘어 놓은 모양을 하고 있다. 뉘어 놓은 'T'자의 북동쪽 끝이 동해면 외산리와 내산리이고 옆으로 뻗는 줄기를 이루는 가운데가 고성읍이며 남쪽으로는 통영시로 이어진다.

고성읍은 고성군의 중심이다. 읍내에는 송학동 고분군이 있다. 어지간한 동네 야산 정도로 커다랗다.(실제 무기산武旗山이라 했던 적도 있다) 2000~1500년 전 고성 일대를 쥐락펴락했던 지배집단의 무덤이다. 고려시대 스님 일연은 〈삼국유사〉에서 고성에 있었던 가야를 일러 '소가야小伽倻'라 했다. 때문에 사람들이 고성을 두고 '작은' 가야라 여기는 경우가 많다. 그러나 그렇지 않다. '소가야'에서 '소'는 뜻(작다)이 아니라 소리(소=세)로 읽어야 합당하다. '작은' 가야가 아니라 '센' 가야라는 말이다.

고성을 소가야라 적은 기록은 일연 스님의 〈삼국유사〉가 유일하다. 〈삼국지〉는 '위서 동이전'에서 '고자미동국古自彌東國'이라 했고 〈삼국사기〉는 '고자국古自國' 또는 '고사포국古史浦國'이라 했다. 이밖에 '고차국古嗟國'과 '구차국久嗟國'도 있는데 〈일본서기〉에 나오는 표현이다. 한자로 표기된 옛날 지명은 그대로 읽으면 안 된다. 보통 첫째 음절은 초성과 중성이 되고 둘째 음절은 종성이 된다. '고+ㅈ=곶' 또는 '고+ㅅ=곳' 또는 '고+ㅊ=곷'인 것이다. 따라서 고성은 '곧은 나라' 또는 '굳은 나라'다.

고성반도의 고대 중개무역

'곶'은 반도를 이르는 토종말이다. 그러니까 '곧은 나라'는 곧 '반도의 나라'를 뜻한다. 고성의 반도 지형이 당대 사람들에게 고성의 두드러진 특징으로 인식되었던 것이다. 고성의 고자국은 가야시대 전기와 중기·후기 모두 강국強國으로 꼽혔다.(김해의 가락국은 초기에만 세었고 경북 고령의 대가야는 후기에만 세었다. 고성과 마찬가지로 초·중·후기 모두 세었던 세력으로는 함안의 아라가야 정도가 꼽힌다) 이렇게 센 나라가 될 수 있었던 지리적인 조건이 바로 반도였다.

옛날 바다는 지금보다 훨씬 더 험했다. 고성 일대 바다는 'T'자를 옆으로 뉘어놓은 가로변에 해당한다. 섬들이 숱하게 떠 있어서 배를 타고 다니기에는 좋은 조건이 아니었다. 바다 자체가 원래 험한데다 점점이 떠 있는 섬과 섬 사이 물길이 까다로웠기 때문이다. 반면 옆으로 뻗은 'T'자의 줄기를 이루는 고성의 중심 부분 육지는 평탄했다. 돌출한 산악지대가 아니라 물길이 흘러내리는 퇴적지대이기 때문이다. 게다가 지금은 너비가 3km를 웃돌지만 2000~1500년 전에는 500m 정도였다고 한다. 여기에 육로를 내면 밀리 바다를 에둘러야 하는 험난함과 수고로움을 덜 수 있었던 것이다.

중국이나 서해에서 오는 무역선은 고성 남서쪽에 정박해 북동쪽으로 물건을 옮길 수 있었다. 일본이나 신라 또는 아라가야·가락국 같은 데서 오는 무역선은 반대로 북동쪽에 닻을 내리고 남서쪽으로 짐을 옮기면 그만이었다. 고성古自國은 이런 독특한 지형 덕분에 중개무역의 적지가 되었다. 고자국은 이를 통하여 부富을 쌓고 힘을 키웠다. '곧은 나라'였기 때문에 고성은 '굳은 나라'가 될 수 있었다.

고성이 '굳은 나라', '센 나라'라는 것은 지금 지명에도 남아 있다. 고성에서 고固는 '굳다'는 뜻이다. 고성은 별칭이 철성鐵城인데 철=쇠 또한 그 속성이 '굳고' '세다'.

수문장들의 유택 내산리고분군

굳센 고성으로 드는 북동쪽 관문은 그 자체로 군세었다. 고성반도의 북동쪽 끄트머리는 지금 동진대교가 놓여 마산으로 이어진다. 여기 당항만 어귀는 너비가 350m 정도로 무척 좁다. 가로로 기다란 당항만 바다는 호수처럼 잔잔하다. 덕분에 돛이나 노밖에 동력이 없던 시절에도 어렵지 않게 배를 부릴 수 있었다. 여기만 잘 지키고 제대로 건사하면 만사형통인 모양새다. 2000년 전 1500년 전 옛 사람들도 당연히 이런 지형을 알고 활용을 했다.

이를 일러주는 역사 유적이 있다. 동해면 내산리 166-3 일대 고분군이다. 내산리고분군은 당항만 안쪽 서쪽 갯가에서 직선거리로 1km 남짓 떨어진 야트막한 산기슭에 있다. 2017년 3월 18일 찾았을 때 연세가 여든다섯인 할매를 한 분 만날 수 있었다. 하루 전 이웃집 할매가 쑥을 캐서 5000원에 팔았는데 그게 샘이 나서 쑥을 캐러 나왔다고 한다. 물어보았더니 열아홉에 여기로 시집왔다고 했다. 당시 여기 일대는 모두 논밭이었다고……. 고분군이 얼마나 심하게 훼손되었을지 충분히 짐작이 되고도 남았다. 원래는 무덤이 100개 넘게 있었다고 한다.

내산리고분군은 당항만이 바깥바다와 만나는 자리 근처에 있다. 남해의 동쪽에 있는 세력들-가락국, 아라가야, 일본왜, 신라 등이 고성으

고성 내산리고분군.
1500년 전 고성으로 드나드는 앞바다를 지키던 이들의 무덤이다.

로 드나드는 해상관문이다. 여기 고분군은 이 관문을 지키는 지역 귀족의 무덤이라 할 수 있다. 고성은 이처럼 남해의 동쪽과 서쪽을 잇는 해양강국이었다.

내산리고분군은 1997~2005년 모두 일곱 차례 발굴 조사를 했다. 출토된 유물 특히 토기들은 내산리고분군이 500년대 전기와 중기에 걸쳐 만들어졌다고 일러주었다. 무덤은 모두 65개가 확인되었는데 이 가운데는 지름이 20m 안팎인 대규모도 23개가 있었다. 금귀걸이·금팔찌는 물론 옥구슬·흙구슬도 나왔다. 함께 출토된 재갈과 말안장, 발걸이 같은 마구馬具들은 당대 이들의 철기 제작기술이 뛰어났음을 말해준다. 이 가운데 발걸이는 일본 것과 비슷하여 국제교류가 왕성했음을 보여준다. 고성읍내 송학동고분군은 고자국에서 으뜸가는 지배자의 무덤일 것이다. 그리고 동해면 내산리고분군은 해상교역에서 핵심으로 활동한 그

바로 아래 신분의 무덤이라 하겠다.

내산리고분군의 주인공들이 어떻게 활동했는지는 양촌리 산 167번지 일대 동해중학교 뒷산에 남아 있는 양촌리성터를 통하여 짐작해 볼 수 있다. 고성군청 기록을 보면 해발 113m 되는 9분 능선에 돌과 흙을 함께 섞어 쌓은 산성이 있다. 3월 19일 둘러보았을 때는 자취만 겨우 확인할 수 있었다. 여기에 서면 당항만 들머리가 한 눈에 들어온다. 옛적 당항만으로 드나드는 무역선들을 감시·통제하는 요충 구실을 했을 것이다. 산성에서는 드나드는 배들을 감시했을 것이고 바다에서는 그런 배들을 관리·통제했을 것이다.

중세의 마을숲과 현대의 금강중공업

내산리고분군에서 당항만 쪽으로 바로 아래에 마을이 하나 있다. 동해중학교와 동해초등학교가 모두 포함되는 '검포檢浦'다. 400년 전 이쪽 저쪽 김해 김씨와 밀양 손씨가 들어와 살면서 마을을 이루었다는 곳이

다. 이순신장군이 당항만에서 대승을 거둔 임진왜란 당시 왜군이 드나들지 못하도록 감시·통제하는 검문소가 있어서 검포라 했다고 한다. 지형과 맞아떨어지는 합당한 지명이라 하겠다. 이는 1500년 전 가야 시대에도 여기에 주어진 역할이었다.

검포마을 앞에는 조그만 실개천이 하나 흐르고 있다. 검포갯벌로 흘러드는 물줄기다. 이 물줄기를 따라 마을숲이 조성되어 있다. 대략 200년쯤 되었다는데 나무 등걸이 제법 굵어져 있다. 안아보면 두 아름이 넘는 녀석들이 적지 않다. 전체 규모도 요즘 보기 드물 정도로 크다. 바깥쪽은 농경지이고 안쪽은 마을이다.

요즘 들어서는 마을 사람들은 물론이고 외지 사람들이 일부러 찾아와 쉬었다가 가는 경우도 많다. 물론 옛날에는 바다에서 흘러드는 파도와 바람을 막는 데 더 큰 목적이 있었을 것이다. 이런 관점에서 보면 지금 마을숲 바깥에 있는 농경지는 그 이후에 갯벌을 매립하고 간척했음을 짐작할 수 있다.

검포마을숲.

검포갯벌은 3분의1 정도가 살아남아 있다. 3분의2는 매립되어 배를 만드는 조선공장 차지가 되어 있다. 금강중공업이다. 금강중공업이라 하면 사람들이 잘 모른다. 그러나 '천해지'라 하면 알아듣는 사람이 적지 않다. 2014년 4월 16일 전남 진도 앞바다에 가라앉으면서 경기도 안산 꽃다운 단원고등학교 학생들을 비롯한 숱한 생명을 바다에 수장시킨 세월호, 그 세월호를 사실상 소유했던 기업이 천해지다. 천해지는 세월호 참사의 주범 유병언 일가의 핵심 계열사라는 이미지를 벗기 위해 고성중공업으로 이름을 바꾸었다가 (2014년 10월) 2015년 12월 GH컨소시엄(금강레미콘+천해지 협력업체들에 680억 원에 팔리면서 다시 금강중공업으로 한 번 더 바꾸었다.

검포갯벌.
오른쪽과 앞으로 금강중공업이 보인다.

양촌리지석묘. 내산리고분군 가까이에 있다.
여기 묻힌 이는 2000년 전 청동기시대 일대를 지배하던 인물일 것이다.

내산리고분군보다 앞선 시기에도 여기에는 사람이 살고 있었다. 증거물은 청동기시대 유적인 고인돌(양촌리 지석묘)이다. 고성군청은 여덟 개 있다고 적어 놓고 있지만 이번에 눈으로 실제 확인이 된 것은 늘려 잡아도 넷밖에 되지 않았다. 동해중학교 맞은편 길가 정원에 하나가 숨어 있다. 그리고 동해중학교 바로 옆 실내포장마차식당 좌우에 하나씩 있다.(이 가운데 하나는 아닌 듯도 싶다) 그리고 마지막 하나는 동해중학교와 내산리고분군 사이 산기슭에 있다. 이 마지막 하나가 가장 고인돌답게 자리를 잡고 있었다.

이처럼 검포마을에는 오랜 옛날부터 사람이 살아 온 자취들이 겹겹이 남아 있다. 청동기시대 고인돌과 가야시대 성터와 고분군, 그리고 400년 묵은 마을 이름 검포와 200년 넘은 마을숲. 그리고 바로 엊그제 일어난 것 같은 세월호 관련까지……. 아마도 이처럼 인간 역사가 겹겹이 쌓여 있는 지역을 우리나라 다른 데서는 쉽게 찾아볼 수 없을 것이다.

9. 사라질 뻔했던 마산만 봉암갯벌

다양한 생물 삶터로
경남 연안 첫 습지보호지역

갖은 욕설 내뱉던 개발업자

1999년 7월 19일자 경남도민일보 1면 머리기사는 봉암갯벌에 대한 것이었다. 기사 첫머리는 이랬다. "마산만의 유일한 갯벌인 봉암갯벌이 공장용도로 매립될 예정이어서 환경단체와 주민들의 반발을 사고 있다." 같은 해 5월에 삼원준설 등 4개 업체가 레미콘·콘크리트제품 공장 건설을 위하여 마산시 회원구 봉암동 21 지선 공유수면 1만 3700평 남짓에 대한 매립 면허를 마산지방해양수산청에 신청했기 때문이었다. 보도가 나가자 삼원준설 대표는 경남도민일보에 대하여 갖은 욕설을 섞어가며 항의했다.

"텅텅 빈 채 놀리고 있는 갯벌을 메워 공장을 짓겠다는데 뭐가 문제냐?" "매립하면 국토도 넓어지고 갯벌에 오염물질도 없앨 수 있는데 반대만 한다." "법률상으로도 하자가 전혀 없는 만큼 매립 허가를 내주지 않을 이유가 없다."

개발업자 눈에는 봉암갯벌이 공한지空閑地로만 여겨졌다. 거기 살고 있는 게·조개, 물고기와 새는 보이지 않았던 것이다.

마산창원환경운동연합지금 마산창원진해환경운동연합은 바로 성명을 내고 반대를 천명했다. 산호동 어촌계도 마산지방해양수산청에 매립 반대 진정서를 냈다. 대립과 갈등이 오래갈 수도 있겠다 싶었지만 상황은 바로 정리되었다. 먼저 관련 행정기관이 매립에 찬성하지 않았다. 경남도청은 "매립을 하면 침수지역 확대가 우려된다"는 이유를 댔다. 창원시청은 '환경단체와 주민들의 반발, 봉암갯벌의 오염 정화 기능 저하, 홍수 피해 위험 증가를 반대 이유로 꼽았다. 마산해양청은 환경단체 반대성명 시점에서 열흘도 되지 않은 7월 23일 '매립 면허 불허' 결정을 내렸다.

봉암갯벌

마산만에 남은 마지막 숨구멍

경남도청과 창원시청의 결정은 합당했다. 둘 다 공동으로 '홍수 피해 위험 증가, 침수 지역 확대'를 매립 불허 이유로 꼽았다. 봉암갯벌은 옛 창원지역에서 형성된 물줄기가 바다로 나가는 유일한 출구이다. 옛 창원의 모든 물줄기는 일단 창원천과 남천으로 수렴된 뒤 바다로 나아간다. 두 하천은 봉암갯벌이 시작되기 직전에 몸을 합한다. 봉암갯벌 끝머리의 옛 창원과 옛 마산을 잇는 봉암대교 일대는 하천물이 바다에 드는 초입이다. 여기가 널찍하면 홍수가 나도 문제가 없겠지만 그렇지 못하고 지금 보는 대로 좁기 때문에 비가 많이 올 경우 물이 제때 빠지지 못하기 십상이었다.

말하자면 봉암갯벌 일대는 물론 그 상류인 창원천·남천 유역과 지천 支川까지 물에 잠기는 경우가 종종 있어왔다. 4년 전인 2014년 8월 25일에도 비가 갑자기 많이 쏟아지는 바람에 창원천 유역인 팔룡·명곡동 일부, 내동천 창원천의 지천 유역인 창원종합터미널 둘레 도로, 남천 유역인 창곡삼거리~신촌광장 구간이 물에 잠긴 적이 있었다.

생태학습장에서 바라본 두산엔진 쪽 갯벌.

생태환경 측면에서 보면 봉암갯벌 매립은 더욱 천부당만부당하다. 갯벌은 생태계의 숨구멍이다. 갯벌이 매립되면 그 숨구멍이 막히는 셈이다. 동쪽 부산 가덕도에서 서쪽 거제 앞바다까지를 일러 진해만이라고 한다. 마산만은 진해만의 일부로서 가장 안쪽에 있다. 그래서 마산 앞바다뿐만 아니라 진해만 전체에 영향을 미친다. 마산에도 옛날에는 갯벌이 많았다. 그런데 일제강점기부터 2010년대까지 100년 동안 줄곧 매립되어 왔다.

옛 마산은 마산자유무역지역·가포신항 설치가 결정적이었으며 옛 창원은 창원국가산업단지 조성이 결정적이었다.(이밖에 마산만에 포함되지는 않지만 2010년에 옛 마산 옛 창원과 함께 통합되어 지금 창원시의 일부를 이루는 지역으로는 옛 진해도 있다. 옛 진해 또한 지금은 갯벌이 대부분 매립되고 해안도 콘크리트로 직선화되었지만 예전에는 그 어느 곳보다 갯벌이 풍성했다.)

지금 마산만에서 갯벌은 봉암갯벌을 빼면 덕동에만 일부 남아 있다. 하수처리장에 꽤 많이 자리를 내어주었어도 남은 면적이 상당히 너른 편이다. 하지만 오염된 바다를 정화하는 역할은 봉암갯벌에 훨씬 미치지 못한다. 봉암갯벌은 심각한 오염물질을 배출하는 도심 지역과 바로 붙어 있는 반면 덕동갯벌은 상당히 떨어져 있기 때문이다. 마산만에 남은 마지막 숨구멍이 봉암갯벌인 셈이다. 봉암갯벌은 민물과 짠물이 만나는 기수역汽水域이다. 기수역은 생태환경이 다양하고 복잡하기에 다른 바닷가보다 더 많은 생물이 산다. 갯벌은 그 자체로도 오염물질을 걸러내고 거기 사는 식물·동물도 오염물질을 걸러낸다. 봉암갯벌은 옛 창원 지역 도심과 산업단지에서 나오는 오염물질을 정화하는 하나뿐인 자연 필터라 할 수 있다.(행정구역상 옛 마산에 포함되는 명주·욱곡·창포·진동에도 갯벌이 널찍하게 남아 있으나 이는 마산만 바깥 서쪽이다.)

물고기조차 살지 못했던 마산만 해역

게다가 마산만은 흐름이 거의 없다. 육지 쪽으로 깊숙이 파고 들어와 전체 모양이 거꾸로 세워놓은 호리병처럼 생겼기 때문이다. 최근에는 마산해양신도시를 만들겠다며 가포신항 항로 준설토로 바다(공유수면)를 매립해 더욱 잔잔한 호수처럼 되었다. 흐름이 없으면 오염은 심해지게 마련이다. 반면 마산 도심에서는 1960년대 도시화가 진행되면서 오염물질 배출이 크게 늘었다. 1970년 마산수출자유지역과 1974년 창원국가산업단지가 들어서면서 더욱 많아졌다. 그 탓에 경남대 근처 가포해수욕장이 1975년 폐쇄되었고 1979년에는 게·조개 같은 수산물 채취가 금지되기까지 하였다.

1980년대 들어서면서는 마산만이 물고기도 살지 못하는 죽은 바다의 대명사가 되었다. 마산만 일대가 1982년 해양오염방지법에 따라 특별관리해역으로 지정된 까닭이다. 2007년 해양오염방지법이 없어지고 대신 해양환경관리법이 신설되면서 관련 육지부까지 더하여 재지정되었다. 부산 연안, 울산 연안, 광양만, 시화호·인천 연안과 함께였다. 우리나라에서 해양 오염이 가장 심각한 지역 가운데 하나로 마산만이 공인되었다는 얘기이다.

지금 마산만 해역을 특별관리하기 위한 기구로 마산만특별관리해역 민관산학협의회가 있다. 이 민관산학협의회는 2007년부터 오염총량관리제를 마산만에 적용했다. 전국에서 처음이었다. 오염총량관리제란 목표 수질 달성을 위하여 오염물질의 배출 총량을 정하고 그 범위를 넘지 못하도록 관리하는 제도다. 1차(2007~11년) 목표 수질은 화학적산소요구량^{COD} 기준 2.5mg/ℓ, 2차(2012~16년) 목표 수질은 2.2mg/ℓ였다. 2016년 마산만 수질은 COD 2.19㎎/ℓ를 보이며 목표치를 살짝 초과 달성했다. 협의회는 2017년 7월 18일 3차(2017~21년) 목표 수질을 어떻게 해야 좋을지 논의를 시작했다. 환경단체인 창원물생명시민연대는 목표 수질을 수영할 수 있을 정도로 잡아야 한다며 COD 2.0㎎/ℓ를 내세웠다. 같은 해 9월 20일 열린 34차 협의회에서 COD 2.1㎎/ℓ로 정했다. 환경단체 요구보다 0.1㎎/ℓ 모자라는 수준이기는 하지만 이마저도 쉽지 않은 목표다. 마산해양신도시 같은 대규모 개발 사업이 마산만에서 벌어지고 있기 때문이다. 이에 창원시청은 진해 행암만 등 마산만 내만 수질 개선 대책을 마련하겠다는 조건을 내놓아 타결에 이를 수 있었다.

도심 속 생태교육 현장

마산해양청은 1999년 매립 면허를 불허하면서 동시에 생태학습장도 짓기로 했다. 이례적으로 신속한 결정이었다. 배경에는 마창환경운동연합이 있었다. 마창환경련은 매립 반대 과정에서 99년만 아니라 해마다 서너 차례 봉암갯벌 매립 면허 신청이 있었음을 확인하였다. 이대로 두었다가는 언젠가는 봉암갯벌이 사라질 수도 있겠다 싶었다. 이를 막으려면 지역 주민들의 관심 속에 두는 수밖에 없다고 보았다. 생태학습장 설치를 마산지방해양항만청에 제안한 직접적인 이유였다.(마창환경련은 앞서 96년부터 지역 주민과 학생을 위한 생태교육 공간으로 봉암갯벌을 활용하고 있었다)

매립 면허 불허 결정 두 달 뒤인 9월 20일 '봉암갯벌 되살리기를 위한 생태디자인 발표회 및 민·관 합동 간담회'가 열렸다. 마산시청·창원시

2001년 조성된 인공섬과 생태체험장 마당.

청·마산지방해양수산청·환경단체가 함께했다. 여기서 생태학습장 설치에 합의하고 '생태공원 조성을 위한 협의체'를 꾸렸다. 생태학습장은 이태 뒤인 2001년 12월 27일 문을 열었다. 관찰로·학습장·탐조대가 들어섰고 철새들을 위하여 조그만 인공섬도 하나 곁들였다.

마산해양청은 2008년 8월부터 교육·학습 활성화를 위하여 마창진환경련에 관리·운영을 위탁하고 있다. 생태교육·학습이 시작된 지 20년을 넘기면서 창원 지역 어지간한 유치원과 초·중학교 학생들은 다들 한 번씩은 찾은 봉암갯벌이 되었다. 이처럼 봉암갯벌은 행정기관·환경단체·지역주민·기업체가 협력하여 도심 갯벌을 되살려낸 대표 사례다.

면적 적어도 사는 생물 많은 갯벌

이런 노력의 결과로 2008년 10월 경남에서 열린 제10차 람사르협약 당사국 총회는 우포늪·주남저수지와 함께 봉암갯벌을 공식 방문지로 꼽았다. 2009년 11월에는 한국내셔널트러스트가 봉암갯벌과 순천만을 '잘 가꾼 자연유산'으로 선정했다. 한국내셔널트러스트는 사라질 위기에 놓인 자연환경·문화유산을 시민 기부금으로 사들이고 보존하는 활동을 하는 단체다.

2011년 12월 16일에는 국토해양부가 습지보호지역(면적 9만 2396㎡=2만 8000평)으로 지정했다. 경남에서 내륙이 아닌 바닷가의 연안 습지가 지정된 것은 이 때가 처음이었다. 멸종위기 야생생물(2급)인 붉은발말똥게·물수리·말똥가리·흰목물떼새·검은머리갈매기와 천연기념물인 황조롱이 등이 발견되었기 때문이다.

봉암갯벌은 면적은 적지만 찾아오는 새는 많다. 새들이 많다는 말은 먹을거리인 야생 동·식물이 많다는 얘기다. 경상남도람사르환경재단에서 2015년 봉암갯벌과 우포늪, 주남저수지, 화포천, 번개늪(창녕) 장척늪(창녕), 남강 유역(진주), 창포만(마산), 진동갯벌(마산), 마동호, 동대만(남해),

섬진강 하구(하동) 등 열세 곳에서 '철새 도래지 동시모니터링'을 했다. 여기에서 한 해 동안 봉암갯벌을 찾은 새들의 종류는 57가지였다. 우포늪(97종), 남강 유역(94종), 섬진강 하구(86종), 주남저수지·화포천(76종), 진동갯벌(60종)에 이은 일곱 번째였다. 찾아온 전체 숫자는 9335마리였다. 주남저수지(5만 9659마리), 우포늪(5만 2554마리), 남강 유역(3만 5430마리), 섬진강 하구(2만 5829마리), 화포천(2만 3279마리), 마동호(1만 1393마리), 번개늪(9620마리)에 이은 여덟 번째였다. 면적은 가장 적은데도 찾는 새들은 중간 수준으로 많은 편이었다.

썰물이 되어 물이 빠지자 사람이 들어가 구덩이를 파고 있다.

2017년 3월 12일 봉암갯벌에 나타난 황새 봉순이와 울산이.
ⓒ마산창원진해환경운동연합

    2017년에는 우리나라에서 이미 멸종된 황새도 찾아왔다. 일본 효고 현 도요오카시청에서 복원하여 자연으로 날려보낸 봉순이(J0051)·울산이(J0094)가 그 해 3월 12일 봉암갯벌에서 한꺼번에 눈에 띄었다. 봉순이는 2014년 김해 봉하 들녘에서 최초로 발견된 암컷이고 울산이는 2015년 울산(대화강)에서 처음 확인된 수컷이다. 이들은 화포천, 섬진강 하구, 주남저수지, 남강 유역, 우포늪 그리고 천수만(충남 서산)을 돌아다녔다. 생태환경이 좋다고 손꼽히는 지역들이다. 봉암갯벌에 그런 황새 두 마리가 찾아들었다. 한 때 게나 조개를 잡는 것조차 금지되었던 봉암갯벌이 다른 빼어난 습지들과 견줄 만한 정도로 생태환경이 좋아진 것이다. 봉암갯벌은 도심 한가운데서도 지역 주민이 역량을 모으면 생명력을 되찾을 수 있다는 좋은 본보기가 되었다.

10. 매립과 보전이 맞서는 갈등의 광포만

사천만 잿빛 대지에 피어난 생명의 보고

1999년 새로 생겨난 지명

광포만은 사천 곤양면 중항·환덕·대진리와 서포면 외구·조도리로 둘러싸여 있다. 사천만의 서쪽 부분에 해당된다. 조선 시대에 곤양군이었던 지역을 움푹하게 파고들었다.(사천시가 대체로 지금과 같은 행정구역을 갖추게 된 때는 일제강점기인 1914년 행정통·폐합으로 곤양군과 합해지면서다) 광포만으로 들어오는 물줄기는 동쪽에서부터 차례로 묵곡·목단·곤양·서포천 넷이다. 지금은 '광포만'이라는 지명이 횟집이나 부동산소개업체 상호에도 들어갈 정도로 일반화되어 있다. 하지만 20년 전만 해도 광포만은 낱말 자체가 없었다. 그냥 사천만의 일부였다. 지금도 인터넷에서 광포만으로 백과사전을 검색하면 아무것도 나오지 않는다.

말의 흥망성쇠는 필요에 따라 일어난다. 필요하면 만들어지고 널리 유통된다. 사천만·광포만 일대를 살피면서 환경 보전에 힘을 쏟고 있는 사람으로 윤병렬 환경과생명을살리는전국교사모임 대표가 있다. 2007년부터 2013년까지는 사천환경운동연합 의장을 맡기도 했다. 윤 대표는 광포만이라는 낱말을 처음 쓴 때가 1999년이라 했다.

"서포면 서포중학교로 부임해 왔는데 당시에는 광포만이라는 말이 없었다. 심지어 사천만조차 진주만이라 일컬어지고 있었다. 생태 측면에서 광포만만의 독자적 가치에 주목하게 되면서 광포만이라는 낱말을 만들어 쓰게 되었다. 광포만에서 '광포'는 안쪽 깊숙한 곤양면 대진리에 있는 포구인데 풍경이 인상 깊고 일대를 대표할 수 있을 듯해서 가져다 썼다."

광포마을은 옛적에는 고령토를 비롯하여 하동·곤양·단성·산청·함양 일대에서 나는 물산을 부산·마산으로 실어 나르는 화물항이었다. 물론 고기잡이배를 부리는 어항 구실도 했다. 화물항은 무거운 동력선이 드나들 수 있어야 하므로 물 밑 수로가 깊어야 한다. 동네 어른들은 40년 전인 70년대 중반만 해도 세 길이 넘도록 깊었다고 한다.(깊이가 얕아진 까닭은 아무래도 가화천을 통한 남강댐 방류에 있다) 지금도 광포에 가면 한 때 제 구실을 톡톡히 했던 창고 건물이 황폐해진 채로 포구에 바짝 붙어 있다.

(사천만이 사천만이 아니고 진주만이었다는 것이 지금 보면 이상하다. 하지만 지금 사천의 동쪽을 이루는 옛 사천과 서쪽을 이루는 옛 곤양이 고려·조선 시대에 진주로 편입됐던 적이 있고 1895년에는 사천·곤양 모두 진주부 소속이었다. 게다가 지리적으로 지금 사천시의 정중앙에 있는 축동면은 1914년 행정 통·폐합 때까지 진주에 포함되는 지역이었다. 당시 행정지명은 축곡면과 부화곡면이었다. 지금 삼천포 일대도 진주 소속이었다)

광포 선착장에 매여 있는 노배.
광포에서 광포만 이름이 나왔다.
옛적에는 고령토 등 하동 이북 내륙에서 나는 산물을
실어나르는 포구였다.

사천만 매립과 광포만

윤병렬 대표는 광포만 '작명'이 사천만 매립을 뚜렷이 인식한 결과라고 말했다.

"당시는 산업단지 조성을 위한 갯벌 매립이 사천만 동쪽 부분에 집중되어 본격 진행되고 있었다. 이런 상황에서 사천시청은 사천만 바깥에 있는 서포면의 비토섬 일대 갯벌(그때 이미 경지 조성을 위한 매립으로 일부

맞은편 조도(새섬) 꼭대기에서 바라본 광포만.
아무리 해도 한 눈에 다 들어오지 않는다.

망가져 있기는 했지만)이 빼어나다고 홍보했다. 사천만 바깥쪽에 있는 비토갯벌 홍보는 사천만 안쪽은 동쪽 부분만 아니라 서쪽 부분까지 합해서 갯벌 전체를 포기하자는 속셈을 담고 있었다. 경관이 그럴 듯한 비토섬 일대만 보전하자는 취지였지. 우리는 그에 맞서 갯벌이 남아 있는 서쪽 부분이라도 제대로 지키자는 심정으로 여기에 광포만이라 이름을 붙이고 널리 쓰기 시작했다."

사천만 매립을 통한 산업단지 조성은 80년대에 시동이 걸렸다. 삼성항공과 대우중공업이 비행기 생산 공장을 사천에 짓기로 결정한 때가 80년대 후반이다. 삼성항공·대우중공업은 앞서거니 뒤서거니 사천으로 들어왔다.(그러다 1997년 IMF 외환금융위기를 맞아 이 둘에 현대우주항공까지 아울러 1999년 합해진 것이 지금 사천 대표 기업으로 꼽히는 한국우주항공산업이다) 이것이 신호탄이 되어 사천제1일반산업단지(사천외국인투자지역 포함, 1991년)와 사천제2일반산업단지(사천임대전용산업단지 포함, 1997년)가 사천만 동쪽 부분 사천읍·사남면·용현면에 조성되기 시작했다. 이밖에 2014년 착공한 용현면 일대의 종포일반산업단지도 해당 지역 갯벌은 이미 매립이 끝난 상태다.

이런 상황에서 윤 대표는 비토갯벌과 광포만 일대를 조사하기 시작했다. 비토갯벌은 철새가 잘 찾지 않는 반면 광포만 일대 갯벌을 찾는 철새는 많았다. 철새는 오로지 먹고살기 위하여 먼 거리를 날아다닌다. 철새들 먹을거리가 비토갯벌보다 광포만 갯벌에 더 많다는 얘기다. 철새들이 주로 먹는 크고 작은 조개·게·물고기는 생태계 먹이사슬에서 가장 아랫부분을 이룬다. 아래가 망가지면 그 상부 구조는 절로 망가진다.

대추귀고둥이 지킨 갯벌

　환경운동을 하는 이들 사이에서는 광포만이 사천만의 일부이지만 그와는 구별되는 독특한 값어치와 아름다움이 있다는 것은 일반적인 상식이었다. 하지만 이런 사실이 대중적으로 널리 알려지게 된 것은 아이러니하게도 광포만 매립이 추진되면서였다. 사천시청은 2006년부터 대우건설·씨앤중공업 등과 민관 합동(제3섹터)방식으로 특수법인을 만들어 광포만일반산업단지를 조성하려고 했다. 2007~12년에 걸쳐 모두 3912억 원을 들여 광포만 일대 259만 8270㎡를 메우고 조선기자재 단지를 만들겠다는 계획이었다.

　하지만 2008년 7월 8일 열린 국토해양부 중앙연안심의위원회에서 공유수면매립계획이 승인받지 못했다. 부결되게 만든 힘은 환경단체들에게서 나왔다. 특히 사천환경운동연합과 환경과생명을지키는경남교사모임이 나서 '멸종위기야생생물'을 광포만에서 찾아내는 데 역량을 집중했다. 멸종위기야생생물은 1급이든 2급이든 야생생물 보호 및 관리에 관한 법률에 따른 보호대상이다. 그래서 그 서식지에서는 매립도 개발도 사실상 할 수 없게 되어 있다.

　결과는 대단했다. 노랑부리백로(1급)·검은머리갈매기·흑두루미·재두루미(2급), 천연기념물로 지정되어 문화재로 보호를 받는 황조롱이·원앙·검은머리물떼새·매 같은 새들이야 속성상 이리저리 옮겨 다니니까 그렇다 쳐도 포유류와 무척추동물에서 예상을 뛰어넘었다. 포유류에서 수달(1급)·삵(2급), 무척추동물에서 기수갈고둥·대추귀고둥·붉은발말똥게·흰발농게·갯게(2급)가 살고 있음이 확인되었다. 특히 대추귀고둥은 1000마리 넘게 발견되었다. 이런 결과 덕분에 연안심의위에 제출되어 있던 매립 안건이 부결되었고 이는 신문·방송을 통해 지역과 전국으로 퍼져나갔다. 게다가 이태 뒤인 2010년에는 광포산단 실시협약 당사자 씨앤중공업이 파산하는 일까지 일어났다. 현실 동력을 상실한 것이다.

이런 곡절을 거쳐 2011년부터는 국토해양부_{지금의 해양수산부}에서 연안습지보호지역 지정을 위한 우선조사 대상지 10군데 가운데 하나로 광포만을 꼽고 관련 작업을 진행하기 시작했다. 이런 흐름 위에서 2017년 3월 23일에는 '경남의 보물 광포만, 생태관광 자원화와 보호구역 지정 가능한가?'를 주제로 환경단체와 지역 주민·사천시청 관계자가 함께한 주민간담회(경남환경운동연합·경남시민환경연구소 공동 주최)가 곤양면사무소에서 열리기도 했다.

우리나라 제일 넓은 갯잔디 군락

광포만에는 다른 갯벌과 달리 갯잔디가 아주 넓게 자라고 있다는 특징이 있다. 어림잡아도 1만 평을 웃돌 것으로 보이는데 낙동강 하구는 물론 우리나라 어디에서도 이보다 넓은 갯잔디 군락은 찾아볼 수 없다. 갯잔디는 밀물 때는 잠기고 썰물 때는 드러나는 땅에서 잘 자란다. 해안선이 콘크리트로 망가지지 않고 자연 상태인 갯가에서만 볼 수 있다. 갯잔디는 생태계 먹이사슬에서 가장 아래에 놓이는 생물들을 품는다. 기수갈고둥을 대표적으로 꼽을 수 있다. 크기는 손톱만하고 우리나라와 일본에서만 살고 있는 조개다. 이것들이 먹이가 되어 주어서 세계적인 희귀 철새들이 광포만을 찾는다.

갯잔디 군락은 이처럼 철새한테 먹이터·쉼터가 될 뿐 아니라 물고기

사람들은 항아리로도 게나 조개 따위를 잡는다.
밀물 때 안에 들어간 게나 조개는 썰물이 되어도 빠져나오지 못한다.

길게.
광포만 일대는 길게 보호구역이다.

와 조개·게가 알을 낳는 산란장과 그 어린 새끼들이 자라나는 유치원 역할까지 맡고 있다. 광포만을 둘러싼 바다는 농어·대구·전어·참가자미·감성돔·은어 등 물고기가 다양한 편이라고 알려져 있다.

곤양천 하류 서포면 외구리의 광포만.
우리나라에서 가장 넓은 갯잔디 군락지다.

광포만에는 게도 여러 종류가 있다. 멸종위기야생생물에 포함된 종류들 말고도 칠게·콩게·길게·방게·농게 따위를 흔히 볼 수 있다. 게들한테는 오염된 환경을 정화하는 특별한 능력이 있다. 펄과 함께 뒤섞여 있는 여러 오염물질을 입으로 가져간 다음 개흙은 깨끗한 상태로 뱉어내고 유기물인 오염물질은 삼켜 자신의 먹이로 삼는다.

갯잔디는 광포만의 곤양천 유역을 재첩의 새로운 명산지로 만드는 데도 작지 않게 영향을 끼친다. 재첩은 민물과 짠물이 섞이는 기수역에서 특히 잘 자란다. 광포만 갯잔디는 기수역에 있으면서 민물과 짠물을 두루 정화한다. 재첩은 70년대까지만 해도 부산 하단 일대 낙동강 하구에서 가장 많이 잡혔다. 그러다 하구언으로 바닷물이 막히고 강물 오염도 많아지면서 재첩 으뜸 산지 명성은 하동 섬진강으로 옮겨갔다. 지금은 광포만 곤양천이 하동 섬진강과 어깨를 나란히 하고 있다. 하동 섬진강 재첩은 갈수록 씨가 말라간다지만 광포만 곤양천 재첩은 갈수록 많아지고 있다.

곤양천이 흘러드는 어귀의 광포만. ⓒ김덕성

곤양면 대진리 일대 광포만.

　사천만 동쪽 부분이 이미 망가졌고 또 망가지고 있는 상황에서 그 서쪽 부분 갯벌이라도 살려야 한다는 취지에서 생겨나게 된 지명 광포만. 광포만은 앞으로도 계속해서 지금처럼 갯잔디와 갯벌을 품은 채로 살아남을 수 있을까. 일부는 반대가 여전하지만 지역 주민들 대체적인 분위기는 그런 쪽으로 가고 있다. 물론 장담은 아직 이르다. 사천시청에 더하여 경상남도청까지 개발에 나설 태세를 보이고 있기 때문이다. 사천 항공산업이 발전하려면 공장이 더 들어와야 하는데, 사천만 동쪽 부분은 이미 포화상태이기에 앞으로는 서쪽으로 넘어가는 수밖에 없다고 그이들은 여기고 있는 것이다.

11. 김해 화포천습지

노무현 대통령을 길러낸 넉넉한 들녘

빼어난 습지 경관

화포천 물줄기는 김해 진례면에서 시작된다. 진례면은 김해가 창원과 경계를 이루는 비음산·대암산·용지봉이 골짜기를 서쪽으로 펼쳐 내리는 지역이다. 이들 산에서 비롯된 물줄기는 진례저수지 등에 들렀다가 골짜기를 빠져나오기까지 3km 정도 걸린다. 여기서 낙동강까지 화포천은 너른 들판을 끼고 북동쪽으로 15km 남짓을 또다시 구불구불 나아간다. 골짜기를 벗어나 들판과 함께하는 화포천은 크게 둘로 나뉜다. 진영읍 본산리까지 상류에 해당하는 7~8km는 제방 사이 거리가 너비 100m 안팎으로 좁다. 반면 본산리에서 낙동강까지 하류에 해당하는 7~8km는 너비가 최대 700m에 이를 정도로 널찍하다. 화포천습지라고 일컫는 부분은 하류쪽 두 번째 구간이다. 하천 바닥에 이루어진 하상河床습지로서는 우리나라에서 규모가 가장 크다. 이쪽저쪽 제방 사이 평균 너비를 250m로 줄잡아도 길이가 8000m이니까 넓이가 200만㎡ 60만 평 가량이다.

화포천습지의 가장 큰 특징은 경관이 빼어나다는 데 있다. 어디서 보아도 넉넉하고 그윽한 모습이다. 물줄기 가장자리에 왕버들이 낮게 엎드려 몽글몽글해져 있고, 물길 한가운데로는 마름·생이가래·자라풀·개구리밥이 둥둥 뜬 채로 조용하다. 물 밑 땅에 뿌리를 내린 줄이나 갈대는 절반이 물에 잠겨 물결보다 더 섬세하게 바람에 반응한다. 그런 풍경 위로 오리·왜가리·백로·해오라기가 소리 없이 날아다닌다. 겨울에는 오리·기러기가 떼로 몰려 장관을 이루고 다른 데서는 보기 드문 고니들도 우아하게 날개를 편다.

화포천습지는 다시 셋으로 나눌 수 있다. 상류 쪽에서부터 첫 번째

화포천습지생태공원의 명물 왕버들.

가 본산리 봉하마을에서 화포교까지이고 두 번째는 화포교에서 장재교까지이다. 그리고 마지막 세 번째는 장재교에서 한림배수장을 지나 낙동강과 합류하는 모정마을까지다. 이들 세 구간은 저마다 특징이 뚜렷하다. 첫 구간은 모두 농사를 짓지 않은 채로 '화포천습지생태공원'으로 공식 지정되어 관리를 받고 있는 덕분에 습지다운 경관이 제대로 보전되고 있다. 둘째 구간은 우리 모두가 습지에 무지하던 시절 쓰레기장으로 쓰였다가 지금은 운동장으로 탈바꿈한 데도 있고 사람이 들어가 농사를 짓는 데도 곳곳에 있지만 습지 경관은 그럭저럭 여전하다. 세 번째 구간에서는 화포천이 다시 좁아지는데 2006년 낙동강 합류 지점에 있는 양·배수장 능력을 높이는 공사를 할 때 이른바 '하상 정비'를 하는 바람에 습지 경관을 많이 잃었었는데 지금은 그나마 조금 나아졌다.

그래서 끝머리에 들어서면 풍경이 삭막하다 여기기 십상이다. 하지만 이런 느낌을 허물어줄 반전을 화포천은 두 개 숨겨 놓고 있다. 하나는 배수장 너머에서 낙동강과 화포천이 몸을 섞는 아름다운 모습이다. 물결은 풍성하고 수풀은 윤택하며 느낌은 고즈넉하다. 건너편 내달리는 산들도 강변 풍경과 잘 어울린다. 세상을 벗어나 불어오는 바람을 따라 복잡한 머리 헹구며 한참 동안 앉아 있어도 좋은 자리다.

화포천습지생태공원 하류에서 흔히 보는 풍경.
사람들이 군데군데 하우스농사를 짓고 있다.

광주 노씨 김해 입향조의 모정비각

다른 하나는 모정비각慕禎碑閣 근처다. 화포천에 붙어선 낭떠러지에 놓여 있는데 배롱나무와 푸조나무쯤으로 짐작되는 높이 자란 나무들이 멋지다. 비각 안 빗돌에는 '贈吏曹判書海隱盧公之遺墟증이조판서해은노공지유허'라 적혀 있다. 여기 적힌 대로라면 주인공은 호가 '해은'인 노씨 집안 사람으로 세상을 떠난 뒤 이조판서 벼슬을 받았다. 따로 찾아봤더니 이름은 한석漢錫으로 광주 노씨 김해 입향조入鄕祖, 고장에 가장 먼저 들어와 살았던 조상라고 한다. 병자호란1636년이 지난 어느 해에 창녕에서 낙동강을 건너 여기로 옮겨오면서 마을 이름을 모정으로 삼았다는 얘기다.

화포천이 낙동강과 만나는 지점에 있는 모정비각.

보통 '모정'이라 하면 볏짚 같은 풀로 지붕을 이은 띠집茅亭을 이르지만 여기 모정은 다르다. 우러러 받들 모慕를 앞에 쓰고 명나라 마지막 황제 숭정제崇禎帝를 뜻하는 정禎을 뒤에 쓴다. 지금이야 단순히 사대주의의 산물로 여겨도 그만이지만 당시로서는 그렇게 잘라 말하기 어려운 구석이 있었다. 명나라는 임진왜란을 맞아 조선에 구원병을 보내주었다. 덕분에 의주까지 달아났던 임금 선조가 서울로 돌아올 수 있었다. 그런데 명나라가 그 바람에 힘이 빠지면서 청나라가 만주를 중심으로 세력을 크게 일으킬 수 있게 만든 측면도 있었다. 신흥 청나라는 조선을 두 차례 쳐들어왔다. 지는 해 명나라를 버리고 뜨는 해 청나라를 따랐다면 당하지 않았을 침략이었다. 그러나 조선은 그렇게 하지 않았다. 정묘호란1627년을 겪고서는 청나라를 형으로 섬겨야 했으며 병자호란을 치른 다음에는 형이 아니라 군주君主로 떠받들어야 했다. 청나라는 이렇게 조선을 확실하게 무릎 꿇린 다음 명나라 정벌에 본격 들어갔고, 명나라는 결국 1644년 숭정제가 자살하면서 멸망했다. 이런 국면에서도 조선의 선비들은 청나라가 아니라 명나라를 섬겨야 한다고 주장했다. 현실적으로는 불가능한 것이었지만 마음만은 그러했다. 이런 인식이 여기 마을 이름을 모정으로 삼도록 만들었다. 지금 보기에는 어쩌면 우스꽝스럽고 한편으로는 비현실적이다. 하지만 거기 스며들어 있는 절절함까지 무시할 수는 없는 노릇이다. 물에 빠진 조선은 건져내었지만 정작 자기자신은 기진맥진하여 맥없이 떠내려가는 명나라였으니 말이다.

고향으로 돌아온 최초·유일 대통령

모정마을 일대에 자리 잡은 광주 노씨 집안은 20세기 중반에 봉하마을에서 노무현을 낳았다. 노무현은 2003년부터 5년 동안 제16대 대통령을 지낸 뒤 2008년 2월 25일 고향으로 돌아왔다. 이로써 대한민국은 퇴임한 뒤 고향에서 살아가는 대통령을 처음 얻게 되었다. 이승만은 하와이로 달아났고 박정희는 현직에서 목숨을 잃었고 나머지 전두환·노태우·김영삼·김대중·이명박은 임기를 마친 뒤 계속 서울에서 살았다.

노무현 대통령은 주민들과 환경운동에 나섰다. 농약과 쓰레기로 숨통이 막힌 화포천을 되살리고 봉하 들녘 논·밭을 친환경농업으로 되살리는 작업이었다. 퇴임 첫 해 봉하 들녘에 농약 대신 오리를 집어넣는 농사로 가을에 2만 4600평 논에서 쌀 55t을 거둘 수 있었다. 오리농법으로 지은 봉하쌀은 없어서 못 팔 지경이었다.

덕분에 봉하 들녘의 친환경농업은 계속 면적을 넓힐 수 있었다. 친환경농업은 생태연못·무논과 더불어 봉하 들녘을 생물다양성을 갖춘 습지로 재탄생시켰다. 미꾸라지·드렁허리 같은 물고기와 논고동, 여러 벌레들이 눈에 띄게 많아졌다. 먹을거리가 풍성해지니까 철새들도 더 많이 찾아오게 되었다.

대한해협을 건너온 황새 봉순이

절정은 2014년 3월 18일 황새 '봉순이'의 출현이다. 황새는 우리나라 자연에서는 이미 멸종된 상태였다. 봉순이는 '봉하마을을 찾아온 암컷'

화포천습지생태공원 풍경.

화포천습지생태공원의 명물 이태리포플러.

이라는 뜻이다. 봉순이 발목에는 'J0051'이라 적힌 가락지가 끼어 있다. 일본 효고현 도요오카시 이즈시정町에서 2012년 4월 6일 태어났다는 표지다. 봉순이는 800km를 날아 대한해협을 건넌 첫 일본 황새가 되었다.(2015년 2월 8일에는 제주도에서 도요오카 출신 수컷 황새가 발견되어 '제동이'가 되었고 같은 해 7월 15일에는 울산 태화강에서도 도요오카 출신 수컷 황새가 눈에 띄어 '울산이'가 되었다)

그해 봉순이는 봉하 들녘과 화포천 일대에서 9월까지 머물렀다. 그런 다음 하동 섬진강과 충남 서산 천수만으로 옮겨갔다. 이듬해에는 3월 9일 봉하 들녘을 다시 찾더니 곧바로 일본으로 돌아갔다. 이렇듯 이미 멸종된 황새가 다시 찾아왔다는 것은 들녘과 주변 생태가 그만큼 청정해진 마을이라는 얘기가 되고 거기 농산물 또한 건강하고 깨끗하다는 증거가 된다. 2016년에도 봉순이는 비슷하게 옮겨다니면서 4월 7일 봉하 들녘을 찾아 사나흘 묵었다.

하지만 2017년에는 봉순이가 봉하마을을 찾지 않았다. 대신 2월 26일 함안 악양둑방 근처 남강변, 2월 28일~3월 1일 창녕 우포늪, 3월 8일 창원 주남저수지, 3월 12일 마산 봉암갯벌을 찾았다. 봉하 들녘이 2016년부터 먹이터로 합당한 조건을 잃고 있기 때문이지 싶다. 농업진흥구역절대농지 유지를 반대하는 쪽에서 중장비로 흙을 쌓아 형질변경도 하고 2008년 이후로는 쓰지 않았던 농약까지 쳤다고 한다. '사람 싸움에 황새등 터지는 격'이라고 할까.

봉하마을에서 화포천 건너편 화포천습지생태학습관 쪽 제방에는 봉순이를 위하여 만든 인공 둥지가 있다. 멀리서 보면 마치 비행접시처럼 생겼는데 2015년에는 봉순이가 한 번씩 머물곤 했던 자리다. 그렇지만 2017년부터는 봉순이가 머물지 않았다. 봉하마을과 화포천을 아예 찾

화포천 습지에서 새들이 날아오르고 있다.

인공 둥지

지 않았던 탓이다. 우리가 어떻게 해야 지금도 텅 비어 있는 이 인공 둥지에 봉순이가 다시 찾아와 머물게 될까.

호미 든 관음보살 두 분

봉하마을 뒤편 봉화산에 오르면 이런 사연과 문화를 품은 봉하 들녘과 화포천이 한 눈에 담긴다. 노무현 대통령은 생전에 봉화산더러 '낮으면서도 높은 산'이라 했다. 해발 150m밖에 안 되니 낮은 산이고 그렇지만 마루에 서면 사방 50리가 두루 보이니 높은 산이라는 얘기다.

정상을 향해 오르면 '호미 든 관음상'이 먼저 눈에 띈다. 관음보살은 보통 왼손으로 보리수를 쥐고 오른손으로 약병을 들지만 여기 관음보살은 약병에 보리수를 꽂아 왼손에 맡기고 오른손으로는 호미를 들었다.

호미 든 관음상은 6·25전쟁으로 말미암은 헐벗음이 채 가시지 않은 1950년대 중반부터 봉하마을 일대에서 불교도들이 벌였던 농촌개척의 상징이다. 1959년 세워졌는데 높이는 열두 자다. 그보다 위쪽 정상에도 관음보살이 하나 있다. 스물넉 자 높이로 아래쪽 관음상보다 두 배 높다. 1999년 10월 두 번째로 세워진 것이다.

두 분 관음보살은 크기 말고도 여러 면에서 대조적이다. 새 보살은 천연 화강암으로 만들었고 옛 보살은 속이 텅텅 울리므로 인공 재질임이 분명하다. 새 보살은 얼굴에 웃음이 흐르고 살도 통통하지만 옛 보살은 웃음기가 덜하고 살도 오르지 않았다. 새 보살은 호미 쥔 손이 내려와 있으나 옛 보살은 올라가 있다. 새 보살은 한 발이 앞으로 나와 있으나 옛 보살은 두 발이 나란하다.

세월이 흘러 후대 미술사가들이 두 보살을 비교·평가한다면 이렇게 말하지 않을까.

"옛 보살과 새 보살의 서로 다른 모습은 제각각 황폐한 50년대와 풍요로운 90년대의 반영이다. 새 보살은 옛 보살과 달리 오른발을 앞으로 역동적으로 내밀었으며 호미 또한 바짝 당겨 들지 않고 긴장을 풀어 슬쩍 늘어뜨려 쥐었는데 이는 자신감의 표현이라 하겠다."

정상에 서면 멀리 화포천과 가까이 봉하 들녘은 물론 노 대통령 묘역과 복원한 생가, 돌아와 가족들과 함께 살았던 자택 등도 한 눈에 들어온다. 너른 마당에 편평하고 납작한 돌을 얹은 산소는 현대판 고인돌이고 생가는 일대에서 쉽게 구할 수 있는 나무·흙·돌·짚을 쓴 생태 건축물이다.

화포천 하류 한림정 쪽에서 봉하마을로 향하는 들머리 영강사에도 이와 비슷한 억새집이 있다.(정식 명칭은 '김해장방리갈대집'이지만 사실은 억새집

화포천습지생태공원 부근에 있는 억새집.
절간 영강사의 일부로 정식 명칭은 김해장방리갈대집이지만 실은 억새로 지붕을 이었다.
화포천이 범람해도 물에 잠기지 않도록 높직한 언덕 위에 있다.

이다. 화포천 습지에서 쉽게 구할 수 있는 물억새로 지붕을 이었다) 적어도 100살은 넘은 이 집은 큰물이 져도 잠기지 않도록 비탈 높은 데에 앉았는데 이 또한 노무현 대통령 생가와 마찬가지로 습지 주변에 흔한 재료를 썼다는 특징이 있다.

내년 2019년 5월 23일이면 노무현 대통령 세상 떠난 지 10년째가 된다. 행여 봉하마을을 찾거들랑 마을만 돌아다니지 말고 노무현 생전에 가꾸던 봉하 들녘과 화포천습지까지 함께 둘러볼 일이다. 거기서 자라는 풀과 나무 사이에서 진하게 풍기는 '사람 사는 세상'의 냄새를 맡을 수도 있을는지 모르니까 말이다.

12. 인공 남강댐에 생겨난 자연 습지들

사람 발길 끊기니
물총새 둥지로 물풀 고향으로

만지교에서 바라본 완사습지. ©김덕성

남강댐=진양호의 역사

경남 또는 진주에 살면서도 남강댐=진양호를 제대로 아는 사람은 많지 않다. 대부분은 그냥 있다는 사실만 안다. 어떤 사연을 품었으며 어떤 곡절을 겪었는지는 모른다. 남강댐은 박정희 시절 제1차경제개발5개년계획으로 8년 공사 끝에 저수용량 1억 3630만t으로 1969년 준공되었다. 계획홍수위를 40.5m에서 46m로 5.5m 높여 저수용량을 3억 920t으로 2.3배가량 늘리기 위하여 보강공사를 벌인 때는 1989~2003년이다. 남강댐은 또 진주·사천·고성·통영·거제·하동·남해에 연간 생활·공업용수 2억 2440만t과 농업용수 2억 2680만t을 공급한다. 전기생산량도 한 해에 4130만kWh에 이른다. 홍수 조절 기능도 한다. 200년에 한 번 닥치는 홍수를 기준으로 최대 유입량을 초당 1만 400t으로 잡았다. 4050t(남강 본류 800t 가화천 3250t)은 방류하도록 했고 남는 6350t은 댐에 담아두도록 했다. 69년 준공 당시는 최대 유입량 1만 570t에 방류량 남강 본류 2000t과 가화천 5460t으로 모두 7460t이었다. 보강공사로 저수용량이 2배 이상 늘면서 방류량은 남강 본류와 가화천 모두 크게 줄었다.

그런데 알고 봤더니 그에 앞선 역사가 파란만장했다. 남강댐의 시작은 1920~25년 조선총독부가 세운 '낙동강 개수改修계획'이었다. 남강 일대와 낙동강 하류(밀양 삼랑진~부산 하단)의 홍수 방지가 목적이었다. 조선총독부는 낙동강 본류 연안 공사와 부산 운하 건설이 포함된 이 계획에서 남강댐과 방수로 위치를 정하고 1926~34년 댐 공사를 진행했다. 방수로 공사는 이태 뒤인 1936년 시작되었으나 1943년 일제가 제2차세계대전을 일으키면서 토석 200만㎡를 파낸 상태(공정률 70%)로 중단되었다.

해방 이후 1949년 미국 원조를 받아 다시 착공하지만 이듬해 6·25전쟁이 터지면서 또 중단되었다. 남강댐은 세계사적 사건으로 착공과 중단을 반복하는 우여곡절을 겪었다.

일제의 조선 지배 정책은 남쪽 농업 북쪽 공업南農北工이었다. 남쪽 평야지대는 일본 식량 공급기지로 삼았고, 북쪽 산악지대는 풍부한 지하자원을 바탕으로 군수산업을 일으켜 대륙 침략의 전진기지로 삼았다. 일제강점기 건설된 댐은 주로 북한에 있다. 압록강 수계에 수풍댐을 짓고 부전강·장전강에 유역변경식 댐을 지은 것이 대표적이다. 수량이 풍부하고 협곡이 발달되어 있어 수력발전이 손쉬웠기 때문이다. 남한에서는 해방되고 나서도 1960년대에야 대형 댐이 제대로 착공되기 시작했다. 그런데도 남강댐만은 그보다 40년 전인 일제강점 초기에 계획되고 착공되었다. 왜일까?

상습 수해 지역 진주

남강댐물문화관에 가면 일제강점기 신문이 전시되어 있다. 이를 보면 일찍부터 남강댐을 지으려고 한 까닭이 짐작된다.

"사천·삼천포 200채 무너져"(1925년 9월 11일자), "진주 300채 물에 잠겨/ 인명 피해도 적지 않아"(1929년 7월 1일자), "폭우 다시 쏟아져 단성에 통곡소리"·"진주 수곡면 수재로 20채 남짓 휩쓸려"(1929년 7월 4일자), "진주 침수"(1932년 8월 8일자) 등이 잇따른다. 1933년에는 7월 2일에 "폭우 지나간 남도 수해 속보"라고 호외까지 내었을 정도다. "굶주림에 우는 수만 생명/ 가장집물은 흙탕물에 쓸려가고/ 재해에 성홍열·복통 등 전염병 발생"·"남지교도 무너질 듯/ 낙동교 크게 위험"·"남강도 범람해 진주 50채 쓸려가" 등이 내용이다. 1935년 9월 11일자는 "진주 침수만 300만 평/ 경남 지역 자동차 전부 불통"이었고 1936년 8월 15일자는 "경남 2000채 남짓 침수/ 굶주림과 추위에 우는 1만 이재민/ 논밭 510만 평 물에 잠겨"·"삼랑진·구포 물바다"·"삼랑진 제방 무너져 1500명 피난"·"구포 제방도 위험"이었다.

진주 일대에서 예전부터 홍수가 크고 잦았다는 것은 조선 시대 〈고종실록〉에서도 확인된다. 고종 2년(1865년) 9월 2일자 기사를 보면 "경상감사 이삼현이 '7월 21일 비바람으로 진주 등 22개 고을에서 가옥 2044호가 유실되고 207명이 압사했으며 배가 875척이 망가지고 염전도 71곳이 무너졌습니다'라고 아뢰었다"는 대목이 나온다. 이밖에 1865년 9월 17일자, 1868년 8월 3일자, 1872년 11월 5일자, 1873년 윤6월 10일자와 11월 6일자, 1878년 8월 11일자와 9월 19일자, 1879년 3월 9일자와 6월 10일자, 1888년 12월 28일자, 1891년 12월 30일자 등 재위 45년(1863~1907) 동안 "진주 등 고을의 집을 잃고 떠도는 백성과 수재를 당해 죽은 사람을 위하여 '휼전恤典, 물건 등을 주어 구제함'을 베풀었다"는 기사가 최소 열두 차례 나온다.

남강에서 흐르는 유수량은 낙동강 전체의 27%에 이른다. 연간 평균 강우량이 전국 1200mm보다 1.3배 많은 1519mm이기 때문이다. 홍수 때는 42%까지 높아지기도 한다. 게다가 북서쪽 백두대간과 남쪽 낙남정맥 때문에 빗물은 다른 데로 빠져나가지 못한 채 내륙으로만 몰린다. 이런 조건에서 진주 시가지 홍수 피해를 없애고 낙동강 본류 하류의 제방이 무너지지 않도록 하려면 어떻게 해야 할까. 남강댐으로 물을 담는 것만으로는 충분하지 않았다. 이와 동시에 별도로 방수로를 내어 물을 빼내지 않으면 안 될 정도였던 것이다. 조선총독부는 그래서 1936년 홍수를 계기로 진주 상류 4km 지점에서 가화천을 거쳐 사천만 바다로 이어지는 방수로(너비 40m, 깊이 4m, 길이 11km)를 내는 공사를 서둘렀던 것이다.

인공댐에 들어선 자연 생태

남강댐은 식수 공급원이 되면서 깨끗한 수질 유지를 위하여 개발행위가 제한되어 왔다. 덕분에 자연환경이 좋아졌다. 멸종위기동물인 수달이 되살아나서 일대가 진양호수달서식지야생동물특별보호구역으로 지정되기도 했다. (남강댐에는 이밖에도 진양호 야생동·식물보호구역과 대평야생

까꼬실습지의 고사목이 서 있는 사이로 동물 발자국이 찍혀 있다.

어린 소나무들이 듬성듬성 자라고 있는 사평습지.
소나무는 습지가 육지화되면 가장 먼저 들어온다.

동·식물보호구역이 더 있다) 사람이 사라진 자리에는 노루·고라니·멧돼지·산토끼·삵 같은 짐승 발자국이 선명하게 찍혔다. 모래언덕에는 물총새가 둥지를 틀었고 딱다구리 나무 쪼는 소리는 심심찮게 들려오게 되었다.

남강댐은 습지도 새로 만들었다. 골풀·세모고랭이 같은 물풀이 물과 뭍의 경계에서 자라고 마름은 물 위에 떠 있으며 말즘은 물속에서 흐늘거린다. 조금 위에는 버들이 부풀어 올라 있고 좀 더 높은 확실한 뭍에서는 조그만 소나무가 군데군데 자란다. 갯버들이나 물버들은 습지의 육지화를 일러주는 지표이며 소나무는 거의 육지가 되었다는 지표다. 예전에는 뭍이었지만 지금은 물에 잠긴 곳에서는 요절한 어린 고사목枯死木들이 가느다란 몸통을 드러내고 있다.

대평·사평·금성·완사·오미·까꼬실의 습지들

지역에 따라 나누면 대충 이렇다. 모든 이가 두루 일컫는 '통칭'은 되지 못하고 임시로 붙인 이름인 '가칭'은 될 수 있겠다. 대평습지는 대평면 소재지에서 지방도 1049호선을 타고 남쪽으로 상촌리에 가면 나타난다. 물속에 수풀이 있고 고사목도 보인다. 똑같이 물에 잠긴 자리이지만 한편에는 무엇이 새로 자라고 한편에는 무엇이 스러지고 있다. 상촌리 지난 다음 남행하면서 왼편으로 창고 건물이 있는 사거리에서 왼편으로 들면 사평沙坪마을 일대 사평습지가 나타난다. 언덕과 비탈이 사암이어서인지 남강댐으로 향하는 내촌천은 거의가 모래沙 들판坪이다. 육지화가 빨라 버들도 많지만 소나무도 띄엄띄엄 자란다. 재빠른 침식 때문에 옛적 콘크리트도로가 들려 있는 데도 많다.

모래땅이라 빠르게 침식되고 있는 사평습지.
그 때문에 콘크리트길이 공중으로 들려 있다.

사천 곤명면 금성마을 연강정 일대 언덕 풍경.

작팔교에서 바라본 완사습지.
자연 그대로 원시적인 모습으로 모래톱이 형성되어 있다. ⓒ김덕성

그윽하고 잔잔한 느낌을 주는 사평습지. ⓒ김덕성

사천시 곤명면 금성마을은 덕천강이 흘러드는 어귀다. 덕천강 쪽으로는 연강정練江亭과 어우러지고 남강댐 쪽으로는 버들이 무리를 지었다. 금성교 위에 서면 둘 다 보인다. 이름을 붙이자면 금성습지가 될까. 완사습지는 완사천이 남강댐으로 흘러드는 어귀에 있다. 작팔교와 만지교에서 전경이 보인다. 만지교는 완사천 남강댐 합류 직전 지방도 1001호 선상에 있다. 작팔교는 상류로 지방도 따라 1km 남짓 더 올라가 오른쪽 작팔길 방향으로 2km 남짓 가면 나온다. 상수원보호구역으로 원시림이고 또 원시천이다. 물줄기는 굵고 가는 모래를 깔면서 흐르고 양옆으로 풀과 나무가 자란다. 오미천과 일대 오미습지에도 비슷한 풍경이 있다. 완사습지에서 대각선으로 남강댐 건너편이다. 여기 대전~통영고

남강댐 물이 빠지면 수몰되어 있던 다리가 나타나기도 하는 오미습지 일대.
멀리 대전통영고속도로를 받치는 다릿발이 보인다.

오미습지.
안쪽은 남강댐 수몰로 말라 죽은 고사목이 그대로 있고
가장자리는 습지 지표 식물인 버들이 에워싸고 있다.

속도로 다릿발 아래(오미리 1035-1)에는 남강댐 수몰 이전 옛날 다리도 하나 있다.

까꼬실귀곡동습지도 있다. 원래는 무척 커다란 마을이었지만 남강댐이 들어서면서 물에 잠기는 바람에 사람들은 모두 바깥으로 나왔다. 이렇듯 사는 사람은 없어졌어도 농사짓는 땅은 일부가 남았다. 사평마을을 지나 남강댐 가장자리 흙길·콘크리트길을 따라 자동차를 타고도 한참 들어간 다음, 옛날 논밭 자리(대평면 내촌리 581-4)에 주차하고 걸어서 황학산을 넘어야 갈 수 있다. 2km가 넘는 산길인데 가파르지 않지만 만만하지는 않다. 산길이 만만찮다 보니 이리로 해서 드나드는 주민은 없다. 까꼬실이 섬은 아니지만 남강댐 때문에 육지 속 섬이 되어 있는 까닭이

수면 위로 군데군데 고사목이 솟아나 있는 까꼬실습지.

귀곡국민학교 자리.
오른쪽에 말라 죽은 플라타너스가 있고 왼쪽에는 충효라 적힌 까만 빗돌이 있다.

다. 진양호공원 선착장에서 까꼬실 가는 배가 날마다 뜨는데 주민만 탈 수 있고 외지인은 태워주지 않는다.

 오전 9시 30분부터 오후 5시까지 16km 남짓 둘러보았더니 습지가 곳곳에 확인되었다. 학교터도 있었는데 건물은 사라지고 운동장에는 풀이 가득했다. 귀곡국민학교다. 옛날 넉넉한 그늘로 아이들 웃음소리 품었을 플라타너스 세 그루는 말라 죽어 있었다. 전봇대 네 개는 마을이 사라지면서 제 역할을 잃은 채 '앞으로 나란히'를 하고 있다. '충효'라 적힌 빗돌은 봐주는 이 없어도 반짝반짝 빛이 났으며 뒤로는 파초가 남아서 훌쩍 웃자라나 있었다.

남강댐은 뜻하지 않게 이처럼 둘레 곳곳에 습지를 만들었지만 사람들 관심은 크지 않다. 지금 이대로 두어도 습지야 망가지지도 사라지지도 않겠지만 그래도 아쉬운 마음이 들었다. 좀 더 많이 알려져 많은 이들이 걷고 보고 누리면 그 자체로도 즐거운 일이다. 여기에 더하여 남강댐 같은 인공의 산물조차 사람이 제대로 관리하고 개입할 경우 이렇듯 멋진 습지를 베푼다는 인식까지 다함께 공유한다면 금상첨화가 아닐까.

대평리 신석기시대~삼국시대 유적

남강댐은 또 '진주 대평리 유적'을 선물로 남겼다. 1975~99년의 발굴에서 신석기시대~청동기시대~삼국시대 유적이 확인되었다. 생활도구와 장신구가 출토되었고 집터·마을터·무덤·밭터도 나왔다.(논터는 나오지 않았지만 논농사를 짓지 않은 것은 아니라 한다. 수몰 지역 발굴이라는 한계로 발굴 지역에 논터가 포함되지 않았을 뿐이라 한다.) 고고학계에서는 청동기시대 사회사 연구에 필요한 자료를 넉넉하게 얻은 발굴이라 평가한다는데 어쨌든 오랜 옛날부터 사람들은 습지에 기대어 삶을 이을 수밖에 없었음을 한 번 더 입증하는 유적이라 하겠다. 지금 진주시 대평면 진주청동기문화박물관에 갈무리되어 있다.

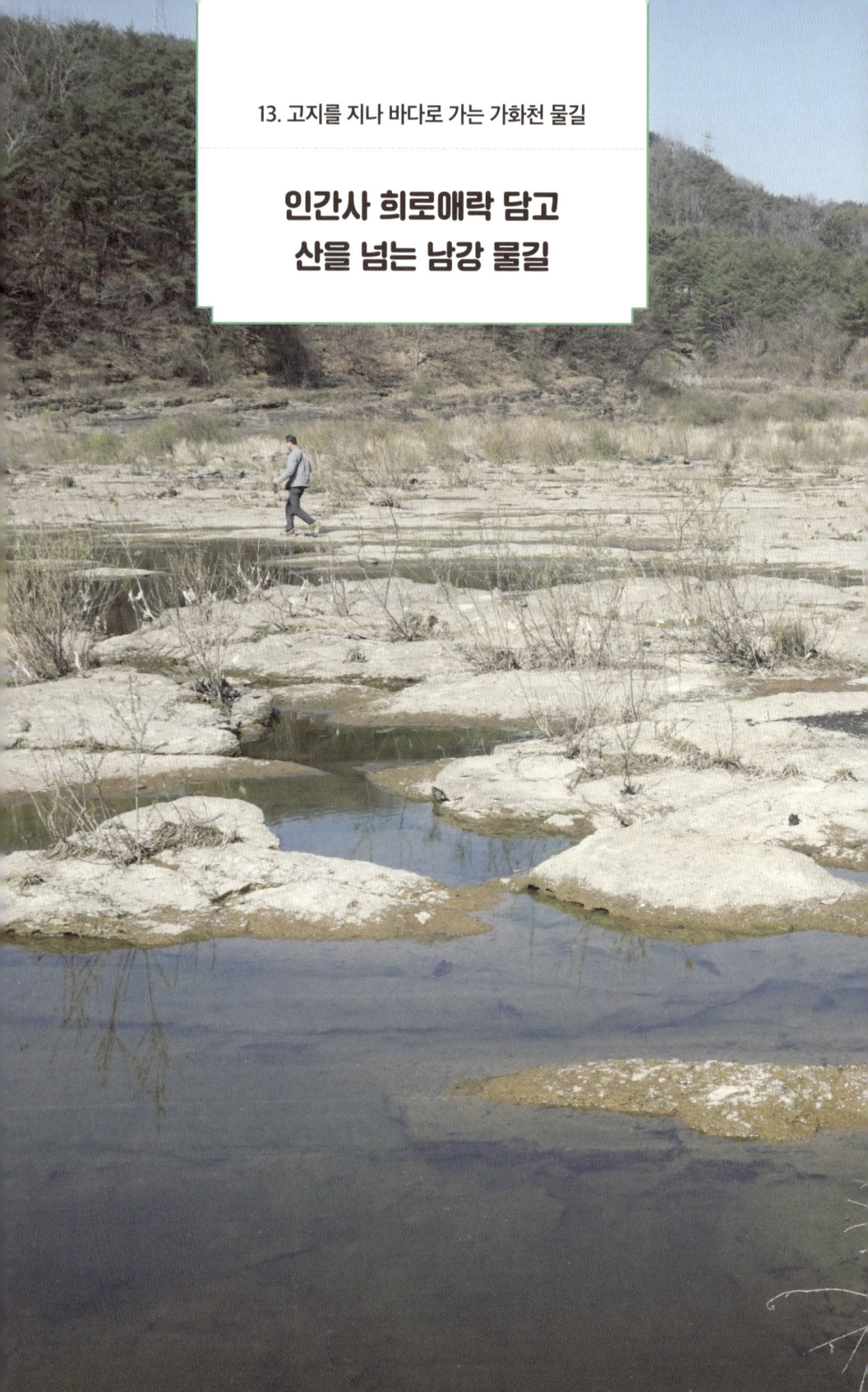

13. 고지를 지나 바다로 가는 가화천 물길

인간사 희로애락 담고 산을 넘는 남강 물길

낙남정맥을 넘어 사천만으로

앞에서 살펴본대로 진주는 오랜 옛날부터 상습수해지역이었다. 일제강점기 1936년 8월 26~28일 병자년대홍수가 가장 심했다. 장대·봉곡동에서 제방이 터지고 진주성까지 일부 무너졌다. 그 바람에 읍내 칠암·본성·남성·동성·장대동 가옥 5500채가 물에 잠겼다. 이보다 심하지는 않았지만 1920년과 1925년, 1933년과 1934년에도 진주는 시가지가 최대 80%까지 침수되는 홍수 피해를 겪었다.

'물은 산을 넘지 못한다'는 간단한 이치 때문이었다. 진주 북서쪽에는 백두산에서 뻗어내려온 지리산과 남덕유산의 고봉준령들이 줄지어 펼쳐져 있다. 그 고봉준령 남동쪽에 떨어진 빗방울들은 지형상 어쩔 수 없이 진주 쪽으로 남동 방향으로 비스듬히 남하하게 되었다. 이렇게 해서 만들어진 물줄기가 덕천강과 경호강 둘이다. 그런데 이것들이 바로 남해로 빠져나갈 수 있으면 수해가 그렇게까지 심하지는 않았겠지. 하지만 낙남정맥에 가로막혀 빠져나가지 못했다. 대신 진주 직전 광탄진廣灘津, 너우니, '여울이 널찍한 나루'라는 뜻인데 남강댐으로 수몰되었다에서 합해져 남강을 이루게 되었다. 낙남정맥에 남쪽이 막힌 남강은 이 어름에서 물길을 동쪽으로 잡는다. 여기서부터는 낙남정맥의 북쪽 비탈에서 굴러 내려온 빗물까지 받아들여야 했다. 남강으로 모여든 많은 수량 때문에 진주는 상습수해지역이 되었다.

게다가 남강은 낙동강에 합류하면서 곧바로 병목을 만나게 된다. 함안과 의령을 남북으로 가르면서 동류하여 낙동강으로 들어가는데 바로 그 아래 밀양 삼랑진~양산 물금 20km 가량이 병목 구간이다. 강폭이 500~800m로 좁기 때문에 흐름이 더욱더 느려지는 것이다. 그래도 평소에는 별 탈이 없지만 홍수로 수량이 크게 늘어나면(바다의 밀물 시기와 겹쳐지면 더욱더) 상류와 지천으로 강물이 역류하면서 범람해 피해를 키웠다. 이미 터 잡고 사는 주민들을 다른 데로 옮길 수 없는 노릇이라면 남강물을 남해로 빼돌리는 궁리를 해야만 하는 조건이었다.

이렇게 해서 남강은 '산을 넘는 물'이 되었다. 낙남정맥 산줄기를 넘은 것이다. 남강댐(진양호)를 만들 때 함께 만들어진 방수로 이야기다. 간단하게 말하자면 낙남정맥 고갯마루를 깎아내어 북쪽 물줄기를 남쪽에 있던 개천 가화천과 하나로 이어붙인 것이다.

낙남정맥 산줄기가 대체로 낮기 때문에 가능한 일이었다. 아무리 높아도 해발 800m가 안 되는데 지금 남강댐 방수로가 있는 일대는 특히 낮아 200m에도 미치지 못한다. 남강댐 바로 아래 방수로에 걸쳐져 있는 다리 유수교에서 서쪽 직선으로 2.2km 지점에 있는 태봉산(내동면 내평리)이 190m이고, 동쪽 직선으로 3.2km 떨어져 있는 실봉산(정촌면 대축리)은 185m이다.

남강댐에서 가화천으로 물이 넘어올 수 있도록 만들어진 방수로.
남강댐은 다리 너머에 있다.

뿐만 아니라 이 두 산 사이에는 물줄기까지 남과 북으로 각각 하나 씩 안겨 있었다. 진주 내평·삼계리를 거쳐 남강과 합해지는 삼계천이 북쪽으로 흐르고 사천 가화·반용·검정·가산리를 거쳐 사천만으로 들어가는 가화천이 남쪽으로 흐른다. 고갯마루를 조금만 깎아 내면 저절로 물길이 이어지게 되는 지형지세였다. 남강댐 방수로가 생겨나면서 삼계천은 자기 이름을 잃고 가화천의 일부가 되었다.

가화천 중류.
바닥에 갈라진 바위가 기울어진 채로 길게 뻗은 독특한 모양을 하고 있다.

220년 전에도 있었던 방수로 뚫자는 주장

조선시대에도 비슷한 생각이 있었던 모양이다. 〈정조실록〉 1796년 5월 8일자 기사를 보면 장재곤張載坤이라는 사람이 용동궁龍洞宮, 정조 어머니 혜빈 홍씨에게 바친 말이 나온다.

"진주 광탄廣灘과 지소두紙所頭에서 물길을 뚫어 물을 사천 바다로 흘러가게 하면 함안·창원·초계·영산·양산·현풍·김해·칠원·의령·창녕·밀양·진주·성주 열세 고을의 허다하게 침수되던 곳이 훌륭한 농지가 될 것입니다. 바다와 25리밖에 떨어져 있지 않고 뚫어 통하게 할 거리도 한 마장馬場에 지나지 않습니다."

정조는 비변사를 시켜 경상도관찰사로 하여금 알아보게 하였다.

"보좌관을 보내 특별히 탐색하고 수령들을 착실히 살펴보게 했더니 지역의 형세와 백성들의 뜻이 전혀 달랐습니다. 장재곤이라는 성명은 호적에 실려 있지도 않으며 행동이 허황됩니다."

말하자면 시대보다 앞선 생각이었던 것이다.

삼계천이 흐르는 골짜기를 당시 수통골이라 했다. 남강댐 방수로가 나면서 물*이 고개마루를 넘어 서로 통通하게 되었다. 사람들은 삼계리 별명 수통골이 현실이 되었다고들 했다. 가화천 상류 진주 유수리를 두고도 말이 나왔다. 원래는 물*이 흐르지 않았지만 방수로가 뚫리면서 흐르게流 되었다는 것이다. 수통골은 맞지만 유수리는 틀렸다. 유수리는 1914년 일제가 행정구역을 통·폐합하면서 생긴 지명이다. 진주군 축곡면 유동柳洞과 수거촌樹巨村에서 첫 글자를 따왔다. '流水'가 아니라 '柳樹'였던 것이다.

진주 유수리 백악기 화석 산지

남강댐 방수로 공사는 뜻하지 않게 선물도 하나 안겨주었다. 1997년 천연기념물 제390호로 지정된 '진주 유수리 백악기 화석 산지'이다. 1억 년 전 지층으로 너비는 150m이고 길이는 2㎞이다. 방수로를 내려고 고갯마루를 깎는 바람에 그 아래 화석 지층이 드러난 것이다. 손가락뼈·발가락뼈·궁둥이뼈·이빨 등 공룡 화석이 100점 넘게 나왔다. 오래된 토양층, 나무화석規化木, 불탄 나무숯 화석, 중생대 여러 생물들의 생활흔적 화석도 발견되었다. 문화재청은 "우리나라에서 공룡뼈 화석이 가장 많이 발견된 장소로 옛날 공룡의 서식환경과 화석화 과정 연구에 귀중한 자료"라 밝히고 있다.

화석들은 천연기념물로 지정된 지역의 바깥에도 숱하게 나와 있다. 초당 최대 3250t에 이르는 어마어마한 방류수에 지정 지역 안에 있던 화석들이 휩쓸려 떠내려간 때문이다. 또 때로는 그런 방류수에 바닥이

유수교에서 남강댐이 있는 쪽으로 바라본 모습.
공룡 등의 화석이 많이 나와 천연기념물로 지정되었다.

가화천 바닥 곳곳에서 볼 수 있는 바위 모습.
하얀 부분은 굴껍데기화석으로 짐작된다.

파이면서 새롭게 드러난 때문이기도 하다.

30년 전만 해도 가화천 어귀 사람들은 여기서 구한 규화목이 하나둘 정도 집안에 없는 경우가 없었다고 한다. 지금도 굴껍데기나 공룡알의 화석처럼 보이는 것들이 곳곳에 있다. 여기에 와서 화석이 박혀 있는 일대 바위들을 이리저리 가로지르며 노닐다 보면 아득한 옛날로 거슬러 오르는 기분이 들게 된다.

가화천 일대 사람살이의 자취

가화천은 조선 말기에 이미 육상 운송과 해상 운송이 서로 전환되는 지점이 되어 있었다. 영조는 1760년에 진주목 가산리(가산리는 축동면에 있다. 축동면이 지금은 사천시 소속이지만 당시는 진주였다)에 가산창을 세웠다.

진주·곤양·하동·단성·남해·사천·고성·의령 여덟 고을에서 거둔 조세물품을 여기 쌓았다가 이듬해 봄이 되면 바닷길을 통하여 서울로 실어 날랐다. 이 가운데 진주에서 거둔 것들은 광탄너우니 나루를 먼저 건넌 다음 삼계천을 거슬러 낙남정맥을 넘었다. 그러고는 가화천을 타고 가산창에 가서 짐을 풀었다. 가산창은 1002호 지방도 옛 도로가 가화천 하류를 가로지르는 다리 동쪽의 민물과 짠물이 뒤섞이는 언저리에 있었다.

가화천은 바닷물의 영향 아래 있(었)다. 붉은발말똥게에 더하여 새롭게 이름을 얻은 총알고둥·비틀이고둥이 살고 갯가에서는 갯질경이 등이 자라는 것이 상류에서도 확인되었다. 민물이 왕창왕창 쏟아져 내리는 지금도 이처럼 바다 생물이 산다. 더불어 가화천에는 버들강아지도 무성하게 자라고 있다. 버들강아지는 민물 습지에 있을 뿐 소금기가 있는 바닷가에서는 자라지 않는다. 하지만 여기서는 해마다 봄이면 잎보다 먼저 꽃이 피어 연둣빛으로 물들어 있다.

또 가화천 하류에서는 밀물이 드는 때에 맞추어 배를 띄웠다. 지금은 아니지만 옛날에는 그랬다. 어물 같은 바다 산물을 싣고 상류로 올라와서 부려놓고는 돌아갈 때는 들과 산에서 나는 산물을 배에다 실었다. 배가 닿는 나루터 근처에는 당연히 주막도 있었다. 질그릇을 굽는 가마도 있었다. 산간과 바닷가로 두루 팔려나갔을 것이다. 이번에 축동면 반용리 729-1(반용길 26-17Ꮖ) 언저리에서 가마터를 확인할 수 있었다. 일대는 차진 황토로 뒤덮여 있었다. 그런 사이로 그을음이 검게 끼인 흙구덩이가 보였고 주변에는 질그릇 조각이 여럿 흩어져 있었다. 여기 지역 사람들은 이렇게 차진 황토를 '쫀대흙'이라 한다. 쫀대흙으로 만든 그릇을 잿물도 입히지 않고 구웠다. 황토로 만든 그릇 황옹^{黃甕}은 양

가화천 바로 옆 산비탈에서 발견된 막사발 파편. ⓒ김덕성

가화천 바로 옆 사천 축동면 반용리 729-1 일대에서 발견된 옛날 가마 자리.
위에서 떨어져 쌓인 흙덩이 너머에 그을음이 묻어 있다.

반이나 부잣집에서 쓰는 도자기가 아니었다. 상놈·천민이 막 쓰는 거친 황荒 질그릇甕이었다. 그래서 황옹黃甕은 동시에 황옹荒甕이기도 했다. 가화천 양옆에는 대숲도 우거져 있다. 여기 대나무로 만든 죽물竹物은 1970년대 까지도 가화천 물줄기를 타고 아래위로 많이 유통되었다고 한다.

사천만에 미친 악영향

무엇이든 100% 좋기만 한 것은 세상에 없다. 좋은 구석이 있으면 반드시 나쁜 구석도 있게 마련이다. 남강댐 사천만 방수로도 마찬가지다. 남강·낙동강 유역에서는 상습 수해를 없애고 황무지를 농지로 일굴 수 있게 해주었다. 하지만 사천만 바다에는 악영향만 크게 끼쳤다.

가화천을 타고 내려오는 남강 민물은 바닷물 소금기를 크게 떨어뜨렸다. 옛적 사천만은 물고기가 넘쳐나는 바다였다. 하지만 방수로가 생긴 뒤로 물고기가 제대로 살기 어렵도록 바뀌었다. 조개도 짠물에서 잘 자라는 녀석들은 사라지고 소금기가 덜한 데서 잘 자라는 대합·재첩이 많아졌다. 바다물풀에도 나쁜 영향을 끼쳤다. 잘피 같은 물풀은 사천만을 남해 으뜸 물고기 산란장으로 유지시켜 온 일등공신이었다. 사천만은 물풀이 망가지면서 물고기 산란장 기능을 작지 않게 잃어야 했다.

남강댐 방류수는 바닷물 흐름도 느리게 하고 수심도 바꾸었다. 중선포천과 사천강은 사천만에서 가화천보다 더 육지 쪽 깊숙한 데에 있다. 이 두 강물은 바다로 들어서면서 가화천 방류수를 만나 곧바로 흐름이 막힌다. 따라서 물살이 느려지고 함께 실려온 흙·모래·자갈들도 덩달아 멀리 가지 못하고 가까운 데 가라앉게 된다. 이로 말미암아 바닥이 높

가화천 바닥에 깔려 있는 크고작은 바위들.
이보다 작은 자갈이나 모래는 거센 물살에 죄다 떠내려갔을 것이다.

아지면서 사천만 이쪽저쪽은 항구 기능도 상당히 할 수 없게 되었다. 사천 사람들이 남강댐관리단 앞에서 농성을 이어가는 까닭이다.

그래도 가화천을 통한 남강댐 방류는 이어진다. 남강댐을 관리하는 한국수자원공사는 나아가 사천만 방류수량을 더 늘리려 하고 있다. 처음에는 제2방수로까지 꾀했다가 반대에 부딪히자 지금 자리에 수문을 2개 더 내고 수문 크기를 키우는 쪽으로 가닥을 잡은 모양이다. 사천 사람들이 남강댐관리단 앞에서 농성을 이어가는 까닭이다. 지금에서 더 늘리면 공생이나 상생에서 어긋나는 일이지 싶다. 그렇다 해도 진주 쪽 홍수 피해를 예방하려면 이 수밖에 없다는 주장을 가볍게 여길 수도 없는 노릇이다. 어쨌거나 사천만은 여태껏 지금 방수로만으로도 엄청난 고통을 겪었다. 앞으로도 계속 겪어야 할 고통이라니 안타까울 따름이다.

14. 함안 성산산성과 아라홍련

700년간 작은 씨앗 품은 생명의 어머니

함안박물관 앞에 자라고 있는 아라홍련.

가야 옛터 함안 성산산성

　성산산성은 함안군 가야읍 광정리 조남산(136m) 정상에 있다. 1.4km 남짓을 돌로 쌓아 둘렀다. 무진정(이수정)에서 오르면 10분 안팎이 걸려 동문 자리에 이를 수 있다. 맞은편 서쪽이 가장 높고 그 다음 높은 북쪽에서 낮아지기 시작하여 가운데에 평지를 이룬 다음 남쪽으로 가면서 높아진다. 높지는 않아도 여기 능선에 서면 사방으로 트인 풍경이 눈에 담긴다. 한복판은 옴폭하게 꺼져 분지를 이루고 동쪽으로 골짜기가 나면서 열려 있다. 성산산성 자리는 지금 보아도 요충이다. 함안 이쪽저쪽 골짜기에서 남강으로 흘러들어가는 여러 물줄기들과 그것들이 펼쳐놓은 들판까지 한 눈에 장악되는 지점이다.

성산산성 건물터.

성산산성에 있는 습지.
하얗게 덮여 있는 부분은 정문격인 동문과 성곽이다.

국립가야문화재연구소가 1991~2016년 조사했더니 600년대 초반 신라 사람들이 쌓은 석성이었다. 1530년 펴낸 조선시대 지리책 〈신증동국여지승람〉과 1587년 당시 부사 정구가 지역 역량을 모아 펴낸 읍지인 〈함주지〉에는 '가야국 옛 터伽倻國 舊墟'로 나온다. 발굴에서는 신라 유물이 나왔지만 기록은 가야와 관련되어 있다. 하지만 이는 서로 어긋나는 것이 아니다. 함안이 신라 영토가 되기 전에는 아라가야의 터전이었다. 산성은 아라가야가 먼저 쌓았고 신라는 나중에 500년대 중반 일대를 점령한 뒤 고쳐 쌓았다고 보는 편이 맞을 것이다.(신라 진흥왕이 함안에서 낙동강 동쪽 건너편 창녕을 점령하고 555년 하주下州를 설치하더니 561년에는 거기다 척경비를 세웠다. 또 562년에는 후기 가야 맹주 경북 고령의 대가야를 쳐서 마지막 가야 세력을 멸망시켰다. 그러므로 함안에 있던 아라가야 또한 이와 비슷한 시기에 신라의 지배 아래 들어갔을 것이다)

쓰레기로 버려졌던 목간

　국립가야문화재연구소가 신라 사람들이 쌓은 석성이라고 못 박은 데에는 근거가 있었다. 산성 안의 습지 둘레에서 나온 유물들이 물증이 되어 주었다. 인공 연못인지 자연 습지인지는 확인되지 않았다. 아마 지하수가 솟아나는 자리에 사람들이 연못을 조성했을 것이다. 습지와 동문 쪽 성벽 사이 부엽층에서 먹으로 글을 쓴 나뭇조각木簡·목간이 308점이 쏟아져 나왔다. 동물 뼈·조개껍질 등 다른 유물과 함께였다.

　우리나라에서 목간 308점이라 하면 어마어마한 숫자다. 지금껏 우리나라에서 발견된 목간은 모두 1239점이라 한다. 말하자면 성산산성 한 군데에서 나온 목간이 전체의 25%에 이르는 것이다. 이렇게 비중이 높다보니 역사·고고학계의 관심 또한 쏠릴 수밖에 없었다. 학계는 이들 목간이 성산산성과 직접 관련이 있는 유물이라고 철석 같이 믿었다. 신라가 500년대 말~600년대 초 성산산성을 쌓을 때 이에 필요한 인력·식량·물자를 동원하는 과정에서 생겨난 꼬리표=바코드로 간주해 왔던 것이다.

　그러나 이것이 사실과 다르다는 주장이 제기되었다. 2015년 1월 8일 열린 한국목간학회 정기발표회에서였다. 이주헌 가야문화재연구소 당시 소장이 '성산산성의 부엽층과 출토 유물의 검토'라는 논문을 발표했다. 목간에 적혀 있는 내용은 성산산성 축조와 아무 관련이 없다는 취지였다.

　"요즘 우리가 편지를 보관하지 않듯이 옛날 사람들도 목간을 한 번 쓰고 나면 버렸다. 목간이 발견된 더미에는 목기·토기·철기에 더해 동물뼈와 생선가시도 있었지만 갈대·나무껍질·풀·나뭇잎 같은 식물유기물이 대부분이었다. 목간과 다른 쓰레기들이 함께 버려져 있던 더미를 산성에 물이 새지 않도록 하려고 제3의 장소에서 퍼 날랐다는 얘기다."

말하자면 옛날 신라 사람들이 습지와 성벽 사이에 풀·나무·잎사귀 등으로 이루어져 있던 쓰레기 더미를 집어넣었다. 습지에서 물이 새어나가도 성벽이 허물어지지 않도록 하기 위해서였다. 흙은 물을 머금으면 흐물흐물해진다. 하지만 풀이나 나뭇잎으로 되어 있는 부엽층은 오히려 솜처럼 뭉쳐져 단단해진다. 이런 이치를 옛날 사람들이 알고 습지의 물기를 차단하기 위하여 풀과 나무와 잎사귀가 뒤섞인 더미를 가져와 집어넣었는데, 거기에 버려진 목간도 섞여 있었던 것이다.

제3의 장소에 버려져 있던 목간이기에 성산산성과 직접 관련짓기는 어려워졌다. 그렇다 해도 당시 지배체제의 실상을 알려주지 않는 것은 아니었다. 2016년 발굴된 사면목간을 보기로 들 수 있다. 글자가 56개 있는데 네 면 모두에 돌아가면서 적어 넣어 사면목간이라 하는 모양이다. 진내멸眞乃滅 마을村의 주인主이 ○성□城에 있는在 미즉이지 대사彌卽介智大舍와 하지下智에게 올리는 보고서다. 이타리 급벌척伊他罹及伐尺이 법法대로 한다며 부역을 30일 하고 돌아갔고, 이를 두고 앞선 법法으로 따져보니 60일이 맞는데 자기가 어리석었다면서 두려워하며 아뢰는 내용이다.(대사와 급벌척은 벼슬이름) 이를 통해 학계에서는 경주 중앙뿐만 아니라 지방에서도 1500년 전에 이미 문서 행정과 율령 통치가 이루어지고 있었음을 알수 있다고 얘기한다. 이 가운데 문서 행정은 목간 그 자체가 일러주는 바이다. 다음으로 율령은 고대 법률을 말하는데 이는 목간에 거듭 나오는 글자인 '法'이 잘 일러주고 있다. 이와 같은 율령 통치는 요즘 말로 하면 법치주의가 된다. 특정 지배자의 기분이나 주관이 아니라 두루 인정받는 객관 기준인 율령에 바탕을 두고 다스린다는 얘기다. 조남산 꼭대기 함안 성산산성이 습지를 끼고 있었기에 이를 알려주는 신라 목간이 지금껏 썩지 않고 남을 수 있었다.

산꼭대기에서 나온 연씨

연 씨앗도 나왔다. 성산산성 안 습지에서였다. 습지 아래 퇴적지층 4~5m 깊이에 박혀 있던 연씨 10개를 2009년 5월 8일 찾아내었다. 곧바로 한국지질자원연구원이 탄소연대측정을 했더니 650년 전~760년 전 고려시대로 나왔다. 습지에 연꽃이 피었고 꽃이 지면서 연밥이 달렸으

함안박물관 앞 아라홍련 시배지를 찾아온 아이들.

며 그 연밥이 가라앉아 700년 세월을 견뎠다. 이로써 성산산성은 두 번 눈길을 끌었다. 한 번은 습지와 성벽 사이에서 나온 목간으로, 다른 한 번은 습지 밑바닥에서 나온 연 씨앗으로. 한 번은 해당 분야 전문가한테, 다른 한 번은 지역과 전국의 일반 대중한테.

보통 사람들의 반응은 이랬다. "우와, 어떻게 조그만 씨앗이 600년 넘게 버티냐!" 물론 다른 나라에서는 2000년 넘었어도 연 씨앗이 싹을 틔운 적이 있다. 선산산성에서 출토된 고려시대 연실은 물에 불리니까 곧바로 닷새만인 13일 3개가 싹을 틔웠다. 하나는 나중에 포기가 나누어지면서 네 개로 불어났다. 이듬해인 2010년에는 첫 꽃대가 6월 20일 솟고 첫 개화가 7월 7일 벌어졌다.

꽃은 빛이 짙지 않고 옅은 선홍이었다. 숫자가 그다지 많지 않은 꽃잎은 전체에 색깔이 고르게 입혀져 있었다. 개량을 거듭한 요즘 연꽃과는 품격과 자태부터 달랐다. 고려불화 은은한 연꽃을 닮았다는 얘기를 들었다. 함안군청은 아라홍련이라 명명했다. '아라'는 당연히 아라가야에서 나왔다. 처음엔 어디에서 기르는지 장소조차 공개하지 않았다. 지금은 함안박물관 근처에 시배지를 만들어 누구나 볼 수 있도록 만들었다. 대신 CCTV가 24시간 돌아가고 사람이 손을 뻗어도 연에 가닿지는 못하도록 되어 있다.

함안천과 무진정

조남산 정상에 서면 북쪽으로 너른 들판이 눈에 든다. 1900년대까지는 대부분이 갈대 무성한 늪지대였다. 왼편으로는 아라가야의 주인공들이 말이산을 베고 누워 고분군을 이루었다. 오른편에서 함안천은 남에서 북으로 굽이치며 남강을 향하여 엎드렸다. 사람들은 조남산과 말이산의 동·남·서쪽 기슭에 모여 살았다. 성산산성은 이 일대를 품고 앉아 장악하고 있다.

옛날 교통편의 중심은 뱃길이었다. 산길은 없었고 있어도 좁았다. 짐이 많거나 무리를 지었을 때는 물길로 움직이는 것이 제격이었다. 성산산성에서는 일대 물길이 한눈에 들어온다. 북쪽으로 바라보이는 남강 일대는 물론이고 남강과 이어지는 함안천 일대까지 모든 움직임이 파악된다. 군사 요충이라 할 수 있다. 그러나 이런 요충도 습지를 품고 있지 않았다면 사람이 머무를 수 없었다. 사람이 지키지 않으면 제 노릇을 할 수 없는 것이 산성이다. 그리고 그런 습지에 기대어 목숨을 부지했던 것은 연꽃도 마찬가지였다.

조남산 아래 무진정 일대도 한 번 살펴볼 만하다. 원래는 함안천에 포함되는 자연 습지였다. 함안 조趙씨 집안에서 호가 무진無盡이고 이름이 삼參인 조상을 기리려고 1567년 세운 정자다. 정자 앞 함안천 언저리에다 둑을 둘러서 연못을 만들었다. 그래서 지금 겉으로 보기에는 함안천과 무관하게 독립된 지형이 되어 있다. 어쨌거나 고려시대 연 씨앗은 성산산성 한가운데 산정습지에서는 발아를 멈추었지만 여기 함안천과 무진정 연못에서는 싹을 틔우지 않았을까.

부자쌍절각父子雙節閣과 충노대갑지비忠奴大甲之碑도 있다. 연못 가까이에 바짝 붙어 있다. 모두 함안 조씨 관련이다. 부자쌍절각은 효를 다한 아버지父와 충을 다한 아들子의 목숨 바친 절개를 기리는 빗돌 둘을 모시는 전각이다. 아버지 준남俊男은 1597년 정유재란 당시 왜적이 조상 무덤을 파헤치는데도 막지 못했다는 이유로 스스로 목숨을 끊었다. 아들 계선

성산산성으로 올라가는 들머리 무진정에 있는
부자쌍절각과 충노대갑지비.

繼先은 그로부터 30년 뒤 정묘호란을 맞아 종군했다가 평안도 의주에서 숨을 거두었다. 충노대갑지비는 쌍절각의 주인 아들을 모시고 전장에 따라갔던 몸종 대갑이 주인공이다. 대갑은 혼자 돌아와 주인의 유품을 바치면서 그 죽음도 함께 고하였다. 대갑은 전장에서 주인을 따라 죽었어야 마땅한 신분이었다. 하지만 대갑은 부음을 전할 연줄이 달리 없어서 죽지 않고 돌아왔다. 돌아와서는 주인을 잃고 혼자 무슨 낯으로 살겠느냐며 강물에 몸을 던져 삶을 마쳤다. 충노대갑지비는 부자쌍절각의 정문인 성인문成仁門 오른편에 오종종하게 들어서 있다. 양반이 노비한테 "너희들도 대갑을 본받아 목숨 걸고 주인을 섬겨라"고 다그치던 교육 현장 구실을 대대로 하지 않았을까 싶다. 습지는 이처럼 조선시대의 지배이데올로기까지도 함께 휘감고 흐른다.

15. 함안 연꽃테마파크와 옥수홍련·옥수늪

대접받아 마땅한 토종 연꽃의 1100년 고향

옛 습지에 들어선 새 습지

함안에 가면 함안연꽃테마파크가 있다. 가야읍 나들머리에 자리잡은 함주공원과 가깝다. 가야동늪지 또는 가야습지라 이르던 곳이다. 함안군청은 일대 10만 9800㎡에 2008~2013년 100억 원을 들여 공원을 새로 꾸몄다. 가야동늪지는 아라가야의 왕궁 자리로 알려져 왔다. 공원 조성에 앞선 문화재 발굴에서 관련 유적이 나오지 않을까 은근한 기대가 있었다. 하지만 왕궁 유적은 발견되지 않았고 대신 제방 유적이 나왔다. 왕궁을 둘러싸는 토성이 있으리라 짐작되어 왔던 것이다. 그런데 그게 아니고 바로 옆 신음천에서 여기로 물이 들지 못하도록 막는 구실을 하는 제방이었다. 1500년 전 안팎 가야시대 것이었다. 함안군청은 개발·활용보다 현상 보존이 낫다고 여겨 흙으로 다시 덮었다.

신음천은 여기를 지나면 곧바로 함안천과 합해진다. 함안천은 다시 북쪽으로 6㎞를 더 나아가 남강을 만난다. 그러면서 운곡천과 옥렬천 등 몇몇 줄기를 더 받아들인다. 1500년 전에도 가야읍 일대는 이처럼 여러 물줄기가 겹쳐져 사람이 들어서기 어려운 습지였을 것이다. 이런 데를 옛날 사람들이 그 끝자락이나마 농토로 활용하려고 힘들여 제방을 쌓았다. 그래서 함안연꽃테마파크에는 "고대 낙동강 중·하류역의 농경지 개척 현황을 알 수 있는 좋은 자료이며 특히 고대 제방의 축조방법을 알려주는 중요한 토목사적 유적"이라 적힌 안내판이 있다. 팽개쳐져 있던 묵은 습지를 재활용한 현장이다. 습지의 여러 효용 가운데 심미적 가치를 특화한 셈이다. 아름다운 풍경을 누리며 지친 심신을 어루만지고 달랠 수 있도록.

1100년 전 그대로 옥수홍련

함안연꽃테마파크는 6년이 채 되지 않았는데도 벌써 이름이 크게 나 있다. 연꽃이 만발하는 7~9월에는 새벽부터 붐빈다. 주말·공휴일이 아닌 평일도 그렇다. 구석구석 돌아다니며 마음껏 꽃도 구경하고 사진도 찍을 수 있도록 설계되었기 때문이지 싶다. 연꽃이 대단한 데는 여기 말고도 적지 않다. 전북 전주 덕진공원이나 전남 무안의 백련지가 그렇다. 하지만 거기서는 연꽃에 바짝 다가가지 못하고 먼발치서 보아야 하는 경우가 많다. 함안연꽃테마파크에서는 꽃송이에 얼굴을 밀착시킬 수도 있고 손으로 만질 수도 있다. 꽃술과 연밥이 어떻게 생겼는지, 꿀벌이 몇 마리나 웅웅거리는지 등을 손금 들여다보듯이 살필 수 있다. 특수렌즈가 없는 똑딱이 카메라나 폰카를 갖고도 꽃송이 하나로 화면을 가득 채울 수 있어 제철이면 카메라를 들고 찾는 이들로 북적인다.

옥수홍련이 피어 있는 함안연꽃테마파크.

함안연꽃테마파크에 피어 있는 옥수홍련.

게다가 여기 연꽃은 다른 연꽃 단지에서는 구경할 수 없는 명품이다. 하얀 백련이나 꽃이 수면에 붙어 피는 수련도 있지만 어디까지나 주인공은 '옥수홍련'이다. 옥수玉水*, 이름도 예쁘다. 함안군 법수면의 옥수늪에서 옛날부터 절로 자라던 연이라서 붙은 이름이다. 사람 취향에 맞추어 개량을 거듭한 연꽃이 아니라 원래 모습과 성질을 제대로 간직한 토종이고 순종이다. 사람이 바빠지고 세상도 빨리 돌아가는 때문인지 요즘 연꽃은 눈길을 단박에 끌어당길 수 있도록 색깔이 화려해졌고 덩치가 커졌다.

반면 옥수홍련은 잎맥이 뚜렷하고 그 잎맥을 따라 퍼지는 색깔이 그윽하고 은은하다. 꽃송이는 소담하고 키 또한 1m 안팎으로 크지 않다. 옥수홍련의 DNA는 신라 경주 왕궁 안압지에 있는 연과 같은 것으로 확인되었다. 1100년 전 원래 품성을 여전히 변함없이 품고 있다. 덕분에 옥수홍련은 2007년 서울 경복궁 경회루 연꽃 복원에도 쓰였고 2016년에는 경북 울진의 명소 연호정으로도 보내졌다. 우리나라 고유 연꽃의 대표선수 대접을 받고 있는 것이다.

옥수홍련의 초라한 고향

　옥수홍련을 배출한 옥수늪은 어디에 어떻게 있을까. 사라지지나 않았을까. 법수면 법수초교 근처에 농협경남물류센터와 롯데하이마트경남물류센터가 있다. 둘 다 옥수늪을 매립한 위에 들어선 건물이다. 그래도 아직은 사라지지 않았다. 옥수늪은 그 사이에 쪼그라진 채 셋으로 나뉘어 있다. 농협과 롯데하이마트 사이에 하나, 농협 뒤편 들판 쪽에 둘. 원래는 5만㎡ 남짓이었지만 1993년에 절반 가까이가, 2004년에는 나머지 대부분이 매립되었다. 제각각 건물터와 농지 조성이 목적이었다. 그러나 농지 조성을 위해 매립된 부분도 언제 건물터로 용도변경이 될는지는 알 수 없는 노릇이다. 길에서 만난 할매 한 분은 "50년도 전에 시집왔을 때는 모두 뻘탕이었다. 배고픈 시절 먹고살라고 고생고생해서 논을 만들었지"라 했다. 그 때 논을 만들면서 농지에 물을 대려고 남겨두었던 습지가 지금 우리가 생각할 수 있는 옥수늪의 원형일 것이다. 뻘탕은 진흙탕을 이르는 경상도 지역말이다.
　옥수늪으로 흘러드는 물줄기는 서남쪽 천제산230m 언저리에서 나온다. 다른 한편으로는 윤내저수지에서 나오는 물도 받아들인다. 물줄기는 개울을 이루지 못했다. 아래로 가면서 넓어지기는 하지만 봇도랑농수로 수준을 벗어나지 못했다. 직선 제방에 갇힌 채 가로세로 들판을 지르다가 남강으로 들어간다. 그래서인지 이름도 없다. 들판에서 할배 한 분에게 여쭈었다가 "봇도랑 이름 묻는 사람은 팔십 평생에 처음이네" 하는 지청구만 들었다.
　옛날에는 어땠을까. 산비탈을 빠져나와 너른 벌판을 만나면 속도와 방향을 잃고 대중없이 흩어지는 것이 물이다. 바닥이 고르지 않아 거

농협경남물류센터와 롯데하이마트물류센터 사이에 끼여 있는 옥수늪.

농협경남물류센터 쪽에서 바라본 옥수늪.
콘크리트 구조물은 공중에 나 있는 농수로이다.

기 고인 물은 깊이를 가늠하기 어려웠다. 사람 입장에서 볼 때 물이 스며들어 홍건해져 있는 이런 지대는 접근이 어려웠다. 그래서 논밭과 집은 산기슭이나 언덕배기 가까이 있었다. 일대가 얼마나 물이 빠지지 않는지는 바로 옆 제방 너머 논을 보면 알 수 있다. 분명 논이지만 오리 200~300마리가 떼로 헤엄치고 있을 만큼 물이 깊고 그득하다. 제방에 있던 할매 한 분한테 일부러 물을 넣어 무논으로 만들었느냐 물었다. 그랬더니 "어데가! 사철 물이 나는 논이라 나락농사배끼 못하네. 채소 같은 밭농사는 지을 수 없으니"라 일러주었다. 이처럼 주변이 논으로 바뀐 뒤에도 물이 솟거나 흘러들어 고이는 들쭉날쭉한 지대는 논두렁 바깥에 남았고 사람들은 이를 옥수늪이라 했다.

옥수늪 옆에 있는 무논.
늘 물이 고여서 벼농사밖에 못 짓는다.

일대 옛날 지명이 막등幕嶝이었다는 사연도 있다. 1920년대 남강·함안천에 제방을 쌓기 전 여기 늪지대에는 뽕나무가 많았다고 한다. 뽕나무는 느릅나무·버드나무와 함께 습지 가까이에서 잘 자라는 나무다. 뽕잎으로 누에를 치면 질 좋은 실을 뽑을 수 있었다. 그래서 달리 사람한테 살기 좋은 조건은 아니었지만 몇몇은 자리를 잡았다. 반듯한 집은 짓기 어려워 원두막幕 비슷한 거처를 야트막한 비탈嶝에 지었다. 1500년 전 ~2000년 전 고대 유적지에나 있었던 고상高床가옥이 100년 전 옥수늪 주변에도 있었던 것이다.

우리나라 연근 최대 산지 함안

지금 옥수늪은 초라하다. 둘러싸고 있는 물류창고에서는 개발압력도 느껴진다. 어쩌면 초라하게나마 살아남은 옥수늪을 없애버릴지도 모른다. 옥수홍련의 고향을 계속 이대로 두면 곤란하다. 함안군청·한국수자원공사·한국농어촌공사·낙동강유역환경청 등 관계기관과 지역 주민·환경단체가 머리를 맞대면 지금과 같은 오종종한 몰골은 쉽게 벗어날 수 있다. 구석구석 들어찬 쓰레기, 나무줄기를 뒤덮은 덤불, 바닥 여기저기 남아 있는 낚시 흔적만이라도 치우고 지우면 많이 나아질 것이다.

옥수늪은 옥수홍련의 고향답게 대접을 받아야 마땅하다. 그런데 걸림돌이 있다. 옥수늪이 사유지라는 점이다. 그동안 보전 필요성이 꾸준히 제기되었는데도 여태껏 매립과 개간을 피할 수 없었던 이유다. 지금 남은 면적이 넓지 않은 것은 어쩌면 오히려 다행이다. 공유지로 만드는 데 나랏돈이 많이 들지 않을 테니까 말이다. 다음으로는 주변 식생을 정비하고 탐방로를 마련하면서 옥수홍련으로 옥수늪을 채우면 좋겠다. 이렇게 해서 사람들이 자주 찾고 관심을 갖고 아끼게 되면 습지는 사라지지 않는다.

옥수늪이 되살아나고 옥수홍련이 피어나게 되면 또다른 이득이 있다. 함안 특산물인 연근을 마케팅하는 데 활용할 수 있는 것이다. 마침 함안이 우리나라 연근의 으뜸 생산지이니까. 함안에서 북쪽은 남강이 흐르고 동쪽은 낙동강이 흐른다. 또 함안 땅 한가운데로는 함안천이 남에서 북으로 흐르며 갖은 물줄기를 쓸어담는다. 이런 까닭으로 하천 주변에 뻘밭이 많이 형성되었고 그곳에 연을 많이 심게 되었다. 함안의 연근 재배 면적은 전국 최대 규모이다. 2016년 현재 70만㎡ 남짓으로 전체의 12%에 이른다. 생산량도 그에 걸맞게 전국 최고 수준으로 2016년 한 해 동안 1276t을 웃돌았다. 이를 위해서라도 옥수늪을 지금처럼 계속 팽개쳐두면 안 된다.

16. 창녕 용지

수많은 애환 말없이 보듬은 산정 억새평원

의병장 곽재우와 창녕 화왕산

창녕에 가면 화왕산火旺山·756m이 있다. 남쪽과 서쪽·북쪽이 모두 가파르고 동쪽은 다른 높은 산과 이어져 있다. 산성이 사방을 대부분 두르고 있는 화왕산 정상부에 이르면 북쪽에 꼭대기가 남쪽에 배바우가 솟아 있다. 홍수로 천지개벽이 되었을 때 배船를 묶어두었다는 배바우에는 사람 하나 들어갈 만큼 갈라진 틈이 있다. 의병장 곽재우의 전설이 서려 있는 장소다. 곽재우는 1592년 4월 13일(음력) 임진왜란이 터지자 같은 달 22일 가장 먼저 의병을 일으켜 거름강(기강)나루와 솥바위(정암)나루에서 왜적을 물리쳤다. 낙동강 기강나루는 의령과 창녕을 이어주고 남강 솥바위나루는 의령과 함안을 이어준다. 곽재우는 당시 물길을 타고 의령·창녕·합천·고령·성산 등지에서 활약하면서 백전불패라는 신화 같은 역사를 남겼다.

곽재우 관련 배바우 전설은 이렇다. 1597년 왜군이 다시 쳐들어온 정유재란을 맞아 곽재우는 7월 21일부터 화왕산성에 진을 치고 있었다. 곽재우가 왜병들한테 쫓겨 커다란 바위의 갈라진 틈으로 들어가야 했다. 그랬더니 바위가 곽재우 장군을 알아보고 저절로 벌어졌다가 지나간 뒤에는 사람 하나도 지나기 어려울 정도로 다시 오므라들었다. 그래서 곽재우가 적병을 따돌리고 결국에는 무찔러 이길 수 있었다는 얘기다.

이런 전설을 보면 화왕산성 일대에서 왜적과 전투가 있었던 것 같지만 실은 그렇지 않다. 후대 사람들이 듣기에는 싸워서 이기는 전승이 통쾌하지만 당대 사람들한테는 죽거나 다치는 싸움일랑 어쨌든지 하지 않고 적병을 물러가게 하는 것이 최선이었다. 당시 기록을 보면 화왕산

1983년 10월 배바우산악회가 화왕산성에서 의병이 왜적과 싸워 이겼다고 새긴 바위. 역사적으로 사실은 아니지만 그리 믿고 싶은가 보다.

성에서 곽재우는 전투를 하지 않았다. 실학자 이긍익1736~1806의 역사서 〈연려실기술〉을 보면 이렇게 적혀 있다.

'방어사 곽재우가 화왕산성을 지키고 있으면서 적병이 다가왔는데도 다만 굳게 지키라고 장졸들에게 명령했다. 과연 하루 밤 하루 낮이 지나자 적이 싸우지 않고 강을 건너갔다'

미수 허목1595~1682년이 지은 '망우당忘憂堂 곽공郭公 신도비명神道碑銘', 갈암 이현일1627~1704년이 지은 '망우당 곽공 시장諡狀', 다산 정약용1762~1836이 지은 〈목민심서〉, 부관 이덕무1741~1793가 펴낸 〈청장관전서〉가 모두 한결같이 그렇게 적었다. 화왕산성에서 밀양·영산·창녕·현풍 일대 백성들을 거느리고 농성籠城을 했던 것이다. 사방이 가파르고 높아 왜적이 범접할 수 없었던 화왕산이었다. 왜적은 전라도와 경상도의 분수령 육십령을 넘어 전주·남원을 치기 위하여 함양 황석산성으로 떠났다. 곽재우는 조정에서 거듭 철수를 명령하고 계모 허씨의 초상이 겹쳐 8월 하순 산성에서 나왔다. 삼년상은 강원도(지금은 경북) 울진에 가서 자식·조카와 함께 패랭이蔽陽子, 폐양자를 삼아 생계를 이으며 치렀다.

화왕산성은 언제 쌓았을까? 아마 처음에는 가야 시대에 만들어졌다고 보면 맞다. 하지만 기록은 남아 있지 않다. 조선시대 기록은 고쳐 쌓은 것들이다. 〈태종실록〉은 1410년 2월 29일자 기사에서 화왕산성을 고쳐 쌓았다고 했다. 1454년 완성된 〈세종실록 지리지〉에는 "화왕산 석성火王山 石城: 둘레가 1217보이다. 샘이 아홉, 못 셋이 있으며 군창軍倉도 있다."고 되어 있다. 그런데 1530년 만들어진 〈신증동국여지승람〉에서는 "화왕산 고성火王山古城: 돌로 쌓았고 둘레가 5983척인데 지금은 폐해졌다今廢."고 적혀 있다. 100년 남짓 세월이 흐르면서 다시 허물어진 것이다. 임진왜란이 터지면서 다시 쌓을 필요성이 커졌다. 정유재란 한 해 전인 1596년 11월 20일자 〈선조실록〉은 창녕·영산·현풍·청도 네 고을의 수령을 시켜 화왕산성을 서둘러 수리하도록 한 사실을 적어놓고 있다.

화왕산성은 둘레가 대략 4㎞에 이르고 넓이는 18만 5000㎡ 5만 6000평여서 대단한 규모다. 전란을 피하여 많은 사람들이 모여 농성하는 데는 너른 공간만 필요한 것은 아니었다. 옷가지나 먹을거리는 다른 데서 가져다놓을 수 있었지만 마실 물은 그렇게 할 수 없었다. 함안 조남산 성산산성, 하동 양경산 하동읍성, 양산 영축산 단조성에도 샘 또는 우물이 있다. 하지만 화왕산성의 그것만큼 크거나 많지는 않다. 수많은 사람들이 날마다 마셔도 될 만큼 산성 한복판 여러 곳에서 물이 솟아나는 것이다. 정유재란 당시 창녕으로 쳐들어온 가토 기요마사加藤淸正의 왜군은 '창칼이 햇살에 빛나고 깃발이 들판을 덮었으며 행렬이 눈길 닿는 데까지 끝없이 이어질' 정도였다. 군사도 많았고 군기도 엄정했다는 얘기다. 왜적의 이와 같은 날카로운 기세에서 비껴나 백성들을 보전할 수 있었던 1등공신이 바로 화왕산성 한복판 샘물이었다.

산정습지에서 출토된 호랑이 머리뼈

화왕산성 한복판은 화산활동으로 자연스레 생겨난 분화구라고 짐작되는 자리로 움푹하게 꺼져 있다. 사람들은 오랜 옛날부터 용지龍池라 일러 왔다. 옛날에도 산꼭대기에서 물이 솟아나는 것이 신기했던지 이렇게 이름을 붙이고 둘레를 네모지게 돌로 쌓았다.

2003년과 2005년 발굴(경남문화재연구원)에서는 비를 내려달라고 하늘에 기우제祈雨祭를 지내던 현장이었음도 확인되었다. 어느 한 시대에만 그치지 않고 신라에서 조선에 이르기까지 1000년 남짓 동안. 용지 바닥 아랫부분 통일신라시대층에서는 세발솥, 1m 길이 칼, 놋그릇·구리그릇, 접시, 가위, 항아리, 다연茶硏, 차를 가는 기구, 수막새 기와 등 500점 가량이 나왔다. 모두 제사 의식과 관련 있는 유물들이다. 윗부분 조선시대층에서는 호랑이·멧돼지·사슴의 머리뼈·턱뼈가 여럿 나왔고 몸통·다리에 해당되는 뼈다귀는 발견되지 않았다. 기우제를 지낼 때 목을 잘라 머리만 용지에 집어넣었다는 얘기가 된다.

왜 호랑이일까? 용지는 이름에서 보듯이 용이 깃들어 있는 자리였다. 용은 전설에서 하늘과 물을 오가면서 구름을 쥐락펴락하고 비를 내리거나 말거나 하는 영물이다. 옛 사람들은 이런 전설을 일상생활에서 진실로 믿었다. 용과 호랑이는 상극으로 용호상박龍虎相搏, 용지에 깃든 용을 호랑이와 한 판 뜨겁게 맞붙게 함으로써 비가 내리도록 할 수 있다고 생각했던 것이다.

건너편 언덕에 있는 '창녕 조씨 득성비'도 용지와 무관하지 않다. 신라 진평왕 시절 한림학사 이광옥의 딸 예향이 병에 걸렸다. 치료를 위해 화왕산에 올라 용지에서 몸을 씻었더니 아이를 배었다. 꿈에 신령이 나

억새가 에워싸고 있는 가운데에 물이 고여 있고
오른쪽 나무 있는 데서도 물이 솟는다.
나무 뒤에 네모나게 창녕조씨득성비가 보인다.

타나 아이는 용의 자식이며 태어나면 겨드랑이에 '조曺'라고 적혀 있을 것이라 했다. 예향이 몸을 풀고 나서 임금이 불러서 보니 모두 그대로였다. 그래 창녕 조씨 시조로 삼고 이름을 계룡繼龍·용을 이었다, 용의 후손이라 했다.

억새 태우기 놀음의 참극

　화왕산성 안쪽 너른 평원은 용지 덕분에 억새로 가득하다. 억새는 물기를 좋아한다. 사철 물이 마르지 않으니 억새가 무성하게 자라났다. 사람들은 이런 억새를 좋아하고 즐겼다. 창녕 산악인들은 화왕산과 배바우를 사랑하여 배바우산악회를 만들었다. 배바우산악회는 1971년부터 해마다 10월 첫째 토요일에 '화왕산갈대제'(그 때 사람들은 대부분 억새와 갈대를 구분해 보지 않았다)를 열었다. 10월 첫 금요일부터 사흘 동안 이어지는 비사벌문화제와 동시에 치러졌다. 산신제를 시작으로 산성 둘레를 통째 한 바퀴 돌면서 벌이는 횃불행진과 불꽃놀이가 장관이었다. 창녕 읍내에서 느긋하게 점심을 먹고 자하곡^{작골}을 따라 가을바람 선선하게 맞으며 올라가면 지금도 구경할 수 있다.

　전국에서 하나뿐인 야간산상축제이다 보니 전국에서 사람이 몰렸다. 이게 창녕군청에서는 관광상품으로 욕심이 났나 보다. 그래서 화왕산 갈대제는 그대로 둔 채 1995년부터 정월대보름날 화왕산성 억새평원에 불을 지르는 축제를 하나 더 만들었다. 1996년과 2000년에 치러졌고 그 뒤로는 3년마다 한 차례씩으로 고정되어 치러졌다. 추운 겨울날 아닌 밤중에 1만 2만 인파가 화왕산 꼭대기에 모여 억새평원이 활활 타오르는 불구경을 하는 엄청난 축제였다. 여기에 '억새 태우기는 정월대보름날 화왕산에 불기운을 들여 재액을 물리치고 평안과 풍년을 비는 세시풍속'이라는 억지 창작까지 더해졌다.

　다섯 번째인 2009년 2월 9일 참극이 벌어졌다. 저녁 6시 20분 억새밭에 불이 붙고 얼마 지나지 않아서였다. 돌풍이 일자 불길은 사람들 몰려 있던 배바우 쪽으로 방향을 틀었다. 입었던 옷은 눈 깜짝할 새에 불탔으며 사람들은 불길에 떠밀리면서 낭떠러지에서 떨어졌다. 7명이 숨지고 81명이 다치는(1명은 중상) 참사였다. 화왕산 억새 태우기 축제는 다시 열리지 않게 되었다.

생명들 보금자리 억새평원

화왕산 억새평원은 관광지이고 놀이터였다. 사람들은 더 즐겁게 놀려고 억새평원에 불을 질렀다. 반대도 있었으나 '지역 경제 활성화' 목청에 눌렸다. 하지만 자연은 사람들만의 놀이터는 아니다. 화왕산 용지와 둘레 억새평원은 사람뿐 아니라 다른 동물과 식물까지 함께 어울리는 삶터라 해야 맞다. 사람들이 조금이나마 그런 마음을 가졌어도 5만 6000평 너른 억새평원을 통째 불사르지는 않았을 것이다.

용지를 둘러싼 일대는 전형적인 습지다. 산기슭 개울가에나 있을 법한 버드나무가 산꼭대기인데도 여럿 자라고 있다. 물이 질퍽한 데는 습지임을 일러주는 풀 진퍼리새가 무리지어 있다. 여기 물은 때로 붉은빛을 띠는데 진퍼리새와 여러 식물들이 생명을 다하고 스러져 산화酸化를 하고 있기 때문이다. 이것이 쌓이고 다져지면 이탄층泥炭層이 된다. 화왕산 정상에는 물이 모이고 고이는 데가 용지 세 곳 말고도 더 있다. 동문 바깥만 해도 두 곳이 더 있었다. 억새는 물 속에서 자라지 않으므로 이런 데에는 없다. 대신 진퍼리새처럼 그보다 작은 풀이 자리를 잡는다. 억새는 물기를 머금을 정도 되면 딱 잘 자란다.

억새평원은 짐승들 보금자리다. 용지를 비롯한 여기 물가를 뒤적여 보면 짐승 똥이나 발자국이 여러 군데 눈에 띈다. 수풀에 있다가 나와

풀이 쓰러져 있는 자리와 나무가 있는 자리가 모두
바닥이 축축한 습지다.

서 물을 마신 흔적이다. 덤불에서 쉬고 머물고 잠자고 바람과 눈·비도 피한다. 덤불에는 새순·씨앗·잎사귀와 벌레 등등 먹이가 풍성하다. 억새 태우기는 그러니까 이런 동물들에게 안방을 불태우고 이불을 걷어차고 밥상을 엎어버리는 패악질이었던 셈이다. 불길이 지나가고 1년이 지난 뒤 용지 둘레 억새평원을 찾아 올라갔던 적이 있다. 2010년 2월의 일이다. 예상한대로 멀쩡했다. 탄내도 가셔져 있고 포기까지 타버린 갈대와 억새도 다시 무성해져 있었다. 숯이 되었던 찔레도 다시 자라나 있

화왕산성 안팎에는 이처럼 물이 솟아 고이는 데가 여럿 있다.

발굴을 거쳐 복원까지 이른 용지.
그러나 둘러싼 돌의 매무새가 어쩐지 그럴 듯하다는 느낌은 들지 않는다.

었다. 둥지를 잃어 떠나야 했던 새들과 토끼들도 돌아왔다. 맵새는 덤불 사이로 낮게 날았고 꿩은 곳곳에서 푸드득거렸다. 토끼와 고라니 등의 똥도 여러 곳에서 눈에 띄었다. 용지는 여전히 식물들에게는 뿌리를 적셔주고 동물들에게는 목을 축여주고 있었다.

화왕산 용지가 이처럼 동물·식물에게 생명선이라면 저 아래 자리잡고 사는 사람들한테는 무엇일까? 말 그대로 밥줄이다. 화왕산 용지에서 솟은 물은 서쪽으로는 창녕천을 이루고 남쪽으로는 계성천을 이루며 북쪽으로는 토평천을 이룬다. 창녕천·계성천·토평천은 낙동강으로 합류할 때까지 창녕 계곡과 들판을 이리저리 휘감아 흐른다. 토평천은 게다가 그 유명한 우포늪소벌까지 안고 있다. 이렇게 여러 물줄기를 베풂으로써 그 유역에 인간들이 정착하여 논과 밭을 일굴 수 있도록 해주었던 것이다. 덕분에 창녕은 옛날부터 물산이 풍성했다. 청동기시대부터 가야 비사벌·통일신라를 거쳐 고려·조선까지 갖은 문화유산이 남아 있는 까닭이기도 하다. 창녕은 화왕산과 용지한테 엄청 크게 빚을 지고 있는 고장이다.

17. 양산 영축산 단조늪

1000m 고원에 어린 옛 사람들의 고단한 몸부림

우리나라 최대 규모 고산습지

단조늪은 영축산 산마루(1081m)에서 시작한다. 산마루는 북쪽을 향해 단조봉~신불재~신불산~간월재~간월산으로 이어진다. 동쪽과 남쪽은 둘 다 깎아지른 벼랑이다. 차이점이라면 동쪽으로는 울산이라는 도시가 펼쳐지고 남쪽으로는 불보사찰 통도사가 자리 잡고 있다는 정도뿐이다. 반면 서쪽은 평평한 들판이다. 떨기나무와 덩굴나무가 둘레를 에워싸고 있으며 가운데는 억새가 무리지어 흔들리고 있다. 해발 900m가 넘는 높은 지대인데다가 바람까지 사철 드세게 불어 큰키나무는 제대로 자라나지 못한다.

단조늪은 길이가 영축산 마루에서 단조봉까지 1100m 남짓이고 너비는 마루금에서 서쪽으로 300~500m 정도 된다. 우리나라 고산습지 가운데 규모가 가장 크다고 한다. 특별하게 물이 날 것 같지 않은 지세인데도 바닥이 언제나 젖어 있다. 영축산 정상 바로 아래에서 억새평원을 보면 습지가 단박에 구분된다. 여름에는 주변보다 좀 더 보드라운 풀이 우묵하게 자라나 있기 때문이고 가을에는 그 풀들이 발목께에서 자빠진 채로 이리저리 널브러져 있기 때문이다. 자빠진 방향은 대체로 물이 흘러내리는 아래쪽이지만 때로는 산마루 쪽으로 거슬러오르는 축도 적지 않다. 겉으로 보면 억새 일색이지만 억새 아래쪽에는 진퍼리새처럼 키가 작은 풀들이 촘촘하다. 가만 헤아려보니 이런 자리가 최소 일곱 군데였다.

가까이 다가가서 보면 바닥이 축축하게 젖어 있다.

안으로 들어가면 발에 밟히는 바닥이 질펀하다. 곳곳에 물웅덩이가 있고 그런 물웅덩이를 서로 이어주는 물길도 나 있다. 웅덩이 바닥에는 생명을 다한 풀들이 채 썩지 못한 채 깔려 있다. 이처럼 죽은 식물의 섬유질들은 바닥에 두툼하게 깔리면서 물을 머금을 수 있도록 해준다. 쓰러진 풀들에서 나온 철분 때문에 물은 붉은빛을 띠고 있다. 남북으로 이어지는 물길의 바닥에는 흙과 풀이 남아 있었다. 지형이 남북으로는 편평한 때문으로 여겨졌다. 동서로 이어지는 물길은 자갈이나 바위가 드러날 정도로 흙과 풀이 패어 나가고 없었다. 아무래도 동서로는 비탈져 있기 때문이겠다.

단조늪 습지에서 자라던 풀이 쓰러져 있다.
바닥에 고인 물이 왼쪽에 보인다.

양산시청의 기록을 보면 단조늪에는 퍽 많은 생물이 살고 있다. 여태까지 183가지 식물과 64가지 동물이 발견되었다. 습지식물은 방울고랭이·동의나물·물매화·흰범꼬리 등 30가지 남짓이고, 고산식물은 동자꽃·노랑제비꽃·쥐오줌풀·잠자리란 등 24가지이다. 설맹초·솔나리·개족도리풀 같은 희귀식물도 있고 진퍼리새·방울고랭이·박새풀은 억새처럼 군락을 이루고 있기도 하다. 잠깐 동안 대충 둘러보았는데도 골풀·매자기·꽃창포·원추리·줄풀·중나리·범의꼬리·세모고랭이 등등이 눈에 들어올 정도였다.

지역민들 생계 잇던 터전

영축산은 영남알프스의 일부분이다. 양산~울산~경주~밀양~청도로 넌출넌출 이어지는 해발 1000m 안팎 산들이 스위스의 알프스 준봉처럼 아름답다고 하여 붙여졌다. 영남알프스는 영축산 등을 사람들이 등산하는 대상으로 파악한 결과라 할 수 있다. 등산이 우리 일상 속에서 레저로 대중화된 시점은 일러도 1970년대이다. 50년대나 60년대에는 영축산~신불산~간월산 등을 두고 영남알프스라 하지 않았을 것이다. 만약 했다 해도 몇몇 동호인만 그리 일컬었을 것이다. 그 이전의 영축산은 등산의 대상이라기보다는 일대 지역 주민들이 삶을 꾸려나가는 터전이었을 따름이다.

소설가 배성동이 2013년 펴낸 책 〈영남 알프스 오디세이〉를 보면 그런 사정이 곳곳에 나온다.

'단조천지에는 열 개의 질펀한 못이 있었다. …… 온갖 기화요초와 나물로 반질반질하다가도 우수기에 접어들면 모를 심어둔 모판처럼 변했다. …… 화전민이 당근과 감자를 심었던 백발등 못본디기로 어정어정 걸어갔다.'(86쪽)

단조천지^{天池}는 단조늪의 옛 이름이다. 또 백발등은 단조늪 안에 있는 언덕이며 못본디기는 그 아래 있는 습지를 이른다.

"백발등 산발치에서 단조천지를 굽어보았다. 못본디기와 물풍지, 진풀못, 피못은 분간할 수 있었지만, 나머지 여섯 개의 천지 못은 어디에 있는지 알 수가 없었다."(90쪽)

배성동은 이렇게도 적었다.

"반달비, 곤달비, 호망추, 배뱁추, 더덕, 고사리, 꼬치미가 지천으로 깔려, 봄이면 산이 물비늘처럼 반짝거렸다. ……학이댁(77)은 '마을 아낙들이 산나물을 얼마나 캤던지, 나물 보따리를 이고 오지 못해 굴러 오더라'라고 말했다."(83쪽)

"유갑순(81) 할머니는 소를 몰고 올랐더랬다. …… '새벽 다섯 시면 …… 나섰어. 어린 나는 다리가 짧아 험한 칼등을 타기 어려웠지만 소는 오빠보다 잘 걷더라'라고 했다. '새피^{억새}가 지천이라 소 등의 양쪽에 새피를 지워 야물게 매서 가야 하는데 어설픈 사람은 하지도 못해'라고 다부진 어투로 말했다. 늙은 소는 넉 단을 매고 오빠는 한 단을 겨우 맸다."(98쪽)

단조늪 일대는 말하자면 이랬다.

"과거 산에서 입살이를 하던 주민들의 생명줄이었다. 사내들은 억새밭에 올라 억새를 베어 날랐고, 아낙들은 나물을 캤다. …… 동네방네 아이들이 소를 몰고 오르던 소몰이 길이기도 했다."(102쪽)

봄과 여름의 억새는 소여물로 쓰였고 가을과 겨울의 억새는 초가지붕을 이는 데 쓰였다. 억새밭에서 캐어낸 나물은 식구들 식량과 의복이 되었고 자식들 책가방과 교과서가 되었다.

옛 모습 그대로 단조성

단조늪 일대 억새는 해마다 불에 탔다.

"이씨는 '화전민들이 땅을 일구기 위해 만리성 억새만디에 횃불을 들고 올라가 불을 질렀어. 억새밭이 만리성 안에 있어 불이 산 밑으로 내려가지 않고 억새밭만 홀라당 태웠지'라며 불 이야기를 실감나게 했다. 빠짝 마른 억새는 타닥타닥 소리를 내며 단조천지를 단숨에 집어삼켰다. …… 꽃이고 억새고 불에 타고 나면 이듬해는 나물 천지가 되었다."(92쪽)

여기 나오는 이씨는 농부시인 이우정(65)이다. 이씨의 아버지 이질용(100)씨는 을사조약으로 국권을 잃을 당시 입산한 의병의 후손이다.

그런데도 "억새밭이 만리성 안에" 있기 때문에 불이 산 전체로 번지지 않았다. 만리성은 단조성丹鳥城의 다른 이름이다. 언제 쌓았는지는 알려져 있지 않다. 너비가 5~10m이고 높이는 1~4m이다. 이런 돌무더기가 억새밭을 둘러싸고 있으니 마음 놓고 불을 질러도 되었던 것이다. 단조성은 조선시대 지리책 〈신증동국여지승람〉 '언양'편에도 나온다. 언양이 지금은 울산광역시 울주군 언양읍으로 되어 있는데 양산 북쪽에 바로 붙어 있다.

"취서산 고성鷲棲山 古城:산 위에 있는데 단조성丹鳥城이라 일컬었다. 둘레가 4050자이다."

취서산은 영축산의 다른 이름이다.

어쨌거나 단조성은 임진왜란 당시 의병들이 진을 치고 싸웠던 자리라고 한다. 1971년 간행된 〈울산울주지〉에 관련 기록이 있다. 대충 이렇다. 신광윤辛光胤, 1549~1617이 아들 신전을 데리고 고을 사람 유광서 등과 의병을 일으켰다. '의용장義勇將 신광윤' 깃발을 앞세우고 단조봉에 기대어

등산로 오른편으로 낭떠러지를 따라 전투용으로 쌓아놓은 돌무더기가 보인다.

진을 쳤다. 의병들은 담을 쌓고 구덩이를 판 다음 군데군데 돌무더기도 쌓았다.(이는 지금도 금강골쪽 낭떠러지 위에 차곡차곡 쌓여 있다) 아울러 매복하고 위장을 하면서 적의 머리를 베고 무기를 많이 빼앗았다.

하지만 당시 사정을 짐작해 보면서 일대 지형까지 헤아려보면 여기에서 전투가 있었다고 보기는 어렵다. 고을 사람들이 모여 피란을 하고 농성은 했음직하다. 만약 고을 사람들한테 싸울 의지가 있었다 해도 오히려 왜적이 이 험준한 산중까지 들어올 이유가 없었다. 당시 왜적은 동래에 이어 경주까지 사흘만에 함락시킨 여세를 몰아 서울로 진격하기 바빴으니까. 신광윤은 임진왜란이 끝나고 나서 1605년에 선무원종공신 3등에 봉해졌다. 1~3등 합해 18명뿐인 선무공신은 정식 공신이다. 반면 1~3등 모두 더하면 9060명이나 되는 선무원종공신은 '준'공신 또는 공신 '대우'로 보면 맞다.

단조봉에서 영축산 산마루 동쪽 아래 300m 즈음에 이르기까지 성터를 따라 걸었다. 마지막 끝나는 자리에는 자연 암석 위에 반듯하게 쌓은 석성 모양이 10m 정도 보였다. 하지만 나머지는 돌들이 모두 되는 대로 대중없이 겹쳐져 있었다. 처음부터 이랬는지 아니면 원래는 반듯하게 쌓았지만 나중에 허물어져 이렇게 되었는지는 짐작하기 어려웠다. 네모 또는 동그라미 모양으로 안쪽 움푹하도록 해서 사람 무릎 높이 정도까지 돌을 포개어 쌓은 데도 스무 군데 정도 있었다. 움푹한 안쪽이 너른 경우는 사람이 네댓 들어갈 만큼 되었다. 1948~1953년 일대에서 빨치산이 활동했다니까 그들이 묵었던 자리일까 싶었지만 그냥 짐작일 뿐이다. 이밖에 서너 군데 기둥 모양으로 3~4m 쌓아올려져 있었는데 쓰임새를 짐작하기는 어려웠다. 〈영남 알프스 오디세이〉에 나오는대로 임진왜란 당시 의병들이 썼던 망루望樓나 봉수대일까?

사람 무릎 높이로 돌을 쌓아올려 놓은 데가 군데군데 보인다. 비박을 할 때 필요한 시설로 여겨지기도 한다.

단조성이 고마운 단조늪

누가 어떤 연유로 쌓았는지, 임진왜란 당시에 전쟁터였는지 아닌지는 알 수 없지만 지금 단조늪한테는 단조성이 분명 고마운 존재다. 단조성이 울타리가 되어 단조늪을 보듬고 있지 않았다면(물론 습지가 성과 바깥에도 있기는 하지만) 비가 올 때마다 흙과 모래와 자갈과 바위가 쓸려 아래로 내려갔을 것이다. 그러면서 억새평원은 시나브로 사라지고 깊은 골짜기가 생겼을 것이다. 이렇게 바뀌는 데에는 시간이 오래 걸리지 않는다. 2003년 태풍 매미와 2006년 태풍 에위니아가 경남 산악 곳곳에 남긴 크고작은 산사태만 떠올려 보아도 바로 짐작이 되는 일이다.

1980년대에 둘러쳐진 방화선까지 생각하면 더욱 그렇다. 방화선은 너비가 대체로 10m를 넘는다. 불이 나더라도 그 불길이 다른 데로 번지지 않도록 초목과 지표를 함께 긁어내었다. 이렇게 해서 만들어진 맨땅이 그대로 드러나 있다.

단조늪을 둘러싸고 있는 단조성의 늦가을 모습.
멀리 산꼭대기까지 산성이 이어져 있다.

오른쪽 맨땅이 방화선.
빗물을 아래로 바로 빠져나가게 하여
단조늪이 메마르도록 악영향을 끼친다.

이런 데에는 당연히 풀이나 나무가 없다. 풀이나 나무가 없으므로 그 뿌리가 흙을 붙잡아 주는 기능도 기대하기 어렵다. 그러므로 단조성 석성이 단조늪 테두리를 둘러치지 않았다면 이 방화선은 갖은 토사를 있는 그대로 떠내려 보내는 통로가 되었을 것이다. 많이 망가지기는 했지만 단조늪이 지금처럼이라도 살아남은 것은 바로 이런 단조성 덕분이다. 다만 중간 즈음 낮은 쪽은 작은 개울처럼 보일 정도로 많이 파여 나갔다. 방화선으로 드러난 맨땅과 함께 복원이 시급한 부분이지 싶다. 드문드문 자라고 있는 어린 소나무도 유쾌하지는 않았다. 습지가 물기를 잃고 육지화될 때 가장 먼저 찾아와서 뿌리를 내리는 것이 소나무이기 때문이다.

18. 양산 천성산 화엄늪

원효스님 화엄벌 전설과 KTX 원효터널의 공존

한국 불교의 성지 화엄벌

양산 천성산에는 내원사가 있다. 신라시대 고승 원효617~686가 창건했다는데 관련 설화는 이렇다. 673년 담운사淡雲寺에 머물고 있을 때 보니 당나라 태화사의 법당이 산사태로 매몰될 위기에 놓여 있었다. 거기서는 1000명 대중이 모인 가운데 법회가 열리고 있었다. 원효가 널빤지에 '해동원효척판구중海東元曉擲板求衆'이라 써서 날려 보냈다. 해동의 원효가 대중을 구하려고 널빤지를 던진다는 뜻이다. 널빤지는 태화사에 이르러 공중에 떠 있었다. 이 신기한 모습을 보려고 1000명 대중이 법당을 빠져나왔다. 바로 그 때 뒷산이 무너지면서 법당을 덮쳤다. 덕분에 목숨을 구한 대중들이 바다 건너 신라로 와서 원효의 제자가 되었다.

원효는 이들이 머물 수 있도록 일대에 대둔사와 상·중·하내원암 등 90개 사암을 지었다. 아울러 천성산 상봉에서 1000명 대중에게 화엄경을 강론하여 성불하도록 하였다. 이 산의 이름은 거기서 성인 1000명이 나왔다고 하여 천성산이 되었다. 화엄경을 강론했던 자리에는 화엄벌이라는 이름이 붙었다. 90개 사암은 그 후 하내원암만 남고 모두 없어졌다. 1898년 내원사로 이름이 바뀐 하내원암은 한국전쟁 때 모두 불탔다가 1955년 재건되었다. 담운사는 원효가 지금의 부산광역시 기장군 장안읍 불광산 자락에 지었던 절 이름이다. 이런 일이 있고 난 뒤 담운사는 척반암擲盤庵으로 바뀌었다가 지금은 척판암擲板庵이 되어 있다.

상盤이 되었든 널빤지板가 되었든 한반도 남쪽에서 집어던져 중국 대륙 한가운데까지 날아갔다면 무조건 기적이다. 가장 오래된 관련 기록은 중국 송나라 스님 찬녕이 988년 지은 〈송고승전宋高僧傳〉 제4권의 '당신라국황룡사원효전唐新羅國黃龍寺元曉傳'에 나온다.

"원효는 처음부터 행적이 다양하였다. …… 때로는 상을 던져 대중을 구하였고 척반이구중, 或擲盤以求衆 때로는 물을 내뿜어 불길을 잡았다."

1695년 하동 쌍계사에서 간행된 〈화엄현담 회현기華嚴懸談 會玄記〉 제20권의 '해동원효'에도 같은 내용이 적혀 있다. 두 기록 모두 원효가 이런 행적을 어디서 어떤 사람에게 행했는지 구체적인 내용은 적혀 있지 않다.

그러다 1634년 우운당 진희대사가 편찬한 〈천성산 운흥사 사적〉에서 구체적인 내용이 나온다.(운흥사는 울산광역시 울주군 웅촌면 지금은 정족산이라 일컫는 반계길 207-22 일대에 있었던 절간이다) 주인공은 여전히 해동 원효이지만 장소와 대상은 다르다. 불광산 척판암이 아닌 경북 경주의 단석산 척반대에서 던졌고 구출한 대중도 태화사가 아닌 중원 대도 법운사中原 大都 法雲寺에 있었다. 화엄벌에 관해서는 적혀 있지 않지만 천성산이 천성산이 된 까닭과 천성산에 90개 사암이 있었다는 얘기는 나온다. 그러니까 원효가 아주 빼어난 업적을 남기는 바람에 생겨난 전설이 중국까지 건너가 〈송고승전〉에 기록으로 남았고 이를 근거로 삼아 새롭게 스토리텔링이 진행되었다고 보면 되겠다.

천성산이 원효의 척판구중 설화를 품을 수 있었던 까닭은 첫째 바위가 많은 데 있다. 원효에게 의탁한 1000명 대중은 성불한 뒤에 모두 바위로 남았다. 실제로 천성산2봉비로봉(855m)은 혼자 서기도 힘들 정도로 뾰족한 바위이다. 또 천성산에서 가장 아름답다는 법수계곡은 양쪽 모두 깎아지른 절벽이다. 저마다 멋진 모습을 한껏 뽐내며 서 있는 기암괴석들이고 근육과 골격을 있는대로 드러내 놓은 바위들이다. 물론 이런 바위만으로 충분하지는 않았다. 중국에서 온 1000명 대중이 원효와 함께할 너른 터전도 더불어 필요했다. 천성산1봉원효봉(922m) 바로 아래가 이런 조건을 충족시키고 있다. 평지의 개활지처럼 드넓은 평원이 있다. 위에서 내려다보면 그냥 넓다는 느낌만 들지만 능선을 따라 내려가 평원으로 들어서면 양옆으로 억새밭이 끝없이 펼쳐지면서 확장해 나가는 느낌도 든다. 천성산1봉쪽 화엄벌은 흙으로 뒤덮여 부드러운 곡선을 자랑하는 반면 천성산2봉쪽 법수계곡은 흙이라고는 찾아보기 어려울 정도로 암석이 날카롭고 가파르다. 바위와 평원이 공존하는 보기 드문 산이라 하겠다.

감시초소 위에서 바라본 화엄벌.
오른쪽 아래 풀들이 주저앉은 데가 화엄늪이다.

한국 불교의 자존심 원효

〈사진과 함께 읽는 삼국유사〉(1999년 발행, 번역 리상호·사진 강운구)를 보면 원효는 "나면서 특이하게 선생에게 배우지 않았다."(377쪽) 또 여덟 살 아래인 의상과 함께 "서방으로 가서 불교의 교화를 참관하고자 …… 요동으로 길을 잡아 나가다가 변경의 수비군에게 첩자라 하여 붙잡혀 수십 일 동안 갇혔다가 간신히 풀려 돌아왔다."(380쪽)

나중에도 의상은 영휘永徽 초년(650년)에 당나라로 유학을 떠나지만 원효는 떠나지 않았다.(〈송고승전〉의 '당신라국의상전'大唐新羅國義湘傳에 나온다.) 원효는 이렇듯 스스로 터득한 순종 토종이었다.

원효는 이름 그대로 신라 불교의 첫元 새벽曉이었다. 원효는 저술을 많이 해서 지금까지 남아 있는 것만 해도 〈화엄경소〉 〈대승기신론소〉 〈금강삼매경론〉 〈법화경종요〉 등 스무 가지가 된다. 불교 대중화에도 힘써 "오막살이 가난뱅이와 어중이떠중이들까지도 죄다 부처님 이름을 알게 되고 모두 염불 한 마디는 할 줄 알게 되었으니 원효의 교화야말로 컸던 것이다."(379쪽)

원효元曉라는 이름은 스스로 일컬은 것이다. 〈사진과 함께 읽는 삼국유사〉 379쪽에 "자칭 원효라고 부른 것은 부처님의 광명이 처음으로 번쩍인다는 뜻이다. 원효는 역시 우리말이니 당시 사람들은 모두 우리나라 말로 '첫새벽'始旦이라 불렀던 것이다"라 적혀 있다.

신라에서 불교가 공인된 것은 이차돈의 순교(527년)를 거치면서다. 이차돈의 순교는 신라가 자발적으로 불교를 받아들였음을 뜻한다. 그렇다 해도 중국을 통하여 신라에 불교가 들어왔다는 사실은 바뀌지 않는다. 중국 불교가 신라 불교보다 '한 끗' 위였다는 얘기가 된다. 그런데 신라 사람들은 원효의 척판구중 설화로 이것을 뒤집어엎었다. 원효에 이르러 신라 불교가 중국 불교를 구제할 뿐만 아니라 가르치게까지 되었다. 이차돈의 순교 이후 150년만에 신라 불교가 중국 불교의 아류를 벗어나 자생력을 표명한 사례로 볼 수 있겠다.

불교 본연의 관점에서 보면 어떨까? 다들 아는대로 사람이 제대로 깨달으면 자기가 뛰어나다고 우쭐거리지 않는다. 뒤집어 말하자면 우쭐거림은 아직 제대로 깨닫지 못했다는 방증이 된다. 우쭐거리는 사람은 아직 제대로 깨닫지 못한 것이다. 그런데 척판구중 설화는 이런 우쭐거리는 기미가 뚜렷하다. 신라 사람들이 원효를 통해 신라가 중국보다 낫다고 뻐기는 유치한 이야기다. 그러므로 척판구중 설화는 신라 불교가 자생력을 충분히 갖추지 못했음을 일러주는 역설逆說이기도 하다.

하지만 신라 불교의 완전한 자립이 아주 멀리 있는 것은 아니었다. <삼국유사>에 보면 창원 백월산의 노힐부득과 달달박박 이야기가 나온다. 부득과 박박은 3년 동안 기도하고 염불한 끝에 709년 사월초파일 다음날에 제각각 미륵불과 미타불로 성불하였다. 성불한 둘은 마을사람들에게 설법을 한 다음 구름을 타고 가버렸다. 뻐기지도 우쭐거리지도 않았다. 원효가 세상을 떠난 지 20년 남짓 만에 이루어진 사건이다. 신라 불교의 진정한 자립은 중국 유학 없이 깨달은 토종 스님만으로는 이룰 수 없었다. 중국을 거치지 않고 토종 부처가 생겨날 수 있게 된 다음에야 가능한 일이었다.

화엄벌과 화엄늪의 상생

화엄늪은 화엄벌 한가운데에 있다. 화엄벌은 35만 평가량이고 화엄늪은 3만5000평 남짓이다. 화엄늪이 없었으면 화엄벌도 존재하지 않았다. 거꾸로 화엄벌이 없었어도 화엄늪은 생길 수 없었다. 이탄층泥炭層이 있어야 습지가 되기 때문이다. 스펀지처럼 물을 머금는 이탄은 풀과 나무가 죽어서 일부는 썩고 나머지 섬유질은 그대로 남으면서 만들어진다. 억새 등등이 무리지어 자라지 않으면 이탄층은 생겨날 수 없다. 화엄벌과 화엄늪은 이렇게 서로 기대어 있다.

천성산1봉 쪽에서 바라본 화엄벌.
상대적으로 밝게 보이는 부분이 화엄늪 습지다.

화엄늪은 1998년 발견되었다. 그런데 일대에는 특별하게 물이 솟는 자리가 없다. 그렇다면 여기 습지에 고인 물의 근원은 무엇일까? 한국교원대학교 오경섭 명예교수(지질학)는 두 가지를 꼽는다. 하나는 천성산을 이루는 안산암이다. 이 암석은 매우 단단하지만 차갑고 눅눅한 환경에서는 쉽게 풍화되어 토산을 이룬다. 다른 하나는 천성산에 모이는 아열대 대양기단의 습윤한 공기이다. 그래서 천성산에는 짙은 안개비가 잦다. 짙은 안개비와 안산암의 풍화=토산 형성이 서로를 받쳐주면서 화엄늪 같은 고산습지가 형성되었다는 얘기이다.

천성산은 골짜기가 법수·대성·안적계곡 등 열두 개를 헤아릴 정도로 많다. 그리고 그 골짜기마다에는 타고 내리는 물줄기가 풍성하다. 천성산 동쪽을 흐르는 부산 수영강과 울산 회야강이 모두 화엄늪 아래에서 시작된다. 회야강의 지천인 주진·혈수·소주·주남·곡천천과 수영강의 지천인 법기·여락천이 모두 천성산에 근원이 있다. 서쪽을 흘러 낙동강으로 드는 양산천에도 천성산은 내송·다방·북부·호계·대석·백록·상리·용연천을 풀어 내린다. 화엄늪을 비롯해 습지가 많기 때문이지 싶다. 무제치 1~6늪, 대성1~6늪, 안적1~4늪, 정골1~2늪 그리고 학골늪과 밀밭늪 해서 스물을 웃돈다.

요즘 이런 습지들이 말라간다는 얘기가 나온다. 천성산에는 KTX가 다니는 13.5km짜리 원효터널이 남북으로 뚫려 있다. 원인이 여기에 있지 않은가 하는 걱정이 있다. 원효터널은 2003년 12월 착공되었다. 앞서 같은 해 10월에는 당시 내원사 산지기이던 지율스님이 착공금지 가처분 신청을 법원에 내었다. 원고는 도롱뇽이었고 피고는 한국고속철도건설공단이었다. 천성산에 도롱뇽이 무수하게 살고 있는데도 관련 환경영향평가는 한 마리도 없다고 부실하게 작성된 데 대한 항의였다. 지율스님은 다섯 차례 200일 넘게 단식을 하면서 소송을 진행했으나 2006년 6월 대법원은 재항고심을 기각했다.

공군부대 떠난 자리 원효늪

천성산1봉 근처에 공군 부대 레이더기지가 있었다. 1961년부터 주둔했는데 2003년 12월 철수했다. 2006년에는 군사보호구역에서도 해제가 되었다. 그 뒤 2012년까지 두 차례 지뢰제거작업이 벌어졌고 남은 지뢰 제거를 위한 추가 작업을 국방부는 계획하고 있다. 2016년 양산에 사드 THAAD, 고고도미사일방어체계를 배치한다는 얘기가 나온 적이 있었다. 그 때 후보지가 바로 여기였다. 그런데 여기에 또 습지가 세 군데 있(었)다. 토지 소유자인 내원사는 애기늪·원효늪·사자늪이라고 임시로 이름을 붙여 관리하면서 자연 복원을 추진하고 있다.

지율스님은 "옛날에는 산꼭대기를 차지한 군부대가 원망스러웠는데 이제는 오히려 고맙게 생각한다"고 말한 적이 있다. 2003년 12월 15일 도롱뇽 소송 현상점검을 위하여 천성산을 올랐을 때 여기 이 공군부대 담자락을 지나면서 입에 올린 말이다. 이 엄청난 역설逆說을 제대로 이해하는 데는 시간이 많이 걸리지 않았다. 양산시청에서 2004년 해맞이공원 조성 계획을 발표했기 때문이다. 천성산1봉 둘레에 서면 동해가 한눈에 들어온다. 2014년에도 한 번 들먹인 적이 있지만 시대의 변화와 뜻있는 이들의 노력으로 이제는 없었던 일이 되었다. 그렇지만 양산시청은 2017년 다시 천성산1봉 아래에 '천성산 산림복지단지'를 만들겠다고 들고 나왔다. 지율스님의 역설이 역설로만 들리지 않게 만드는 현실이

천성산1봉 근처에 남아 있는 공군부대 주둔 시설물.

천성산1봉 근처 공군부대 흔적.
지뢰 제거 작업을 한 차례 벌였으나 다 없애지는 못한 모양이다.

평화의 탑 쌓기 현장.

라 하겠다.

이런 가운데 천성산1봉에서 평화의 탑 쌓기가 진행되고 있다. 2017년 3월 18일 찾았을 때는 자잘한 돌로 만들어진 지름 4m 안팎 동그라미가 하나 있었다. 흰색 광목으로 만든 조그만 플래카드에는 산주山主 내원사가 적어놓은 글이 있었다.

"천성산 정상원효봉에 주둔하던 군부대가 철수한지 15년이 지났지만 복원이 되지 않고 있습니다. 부득이 돌경계를 만들었으니 협조 부탁드립니다."

공군부대가 있던 자리.
건물들이 모두 철거되고 습지 복원 작업이 진행되고 있다.
왼쪽이 천성산1봉 원효봉이다.

처음 보았을 때 이게 무엇을 하려는 것인지 잘 짐작되지 않았다. 내려와 알아보았더니 평화의 탑을 쌓는 자리였다. 여기에는 내원사와 지율스님은 물론이고 천성산의 친구들이나 도롱뇽의 친구들 등 천성산 일대 습지를 지키는 운동을 벌여온 이들이 참여하고 있었다. 그렇다고 무슨 조직적인 운동은 아니었다. 이렇게 테두리를 만들어놓고 찾아오는 이들로 하여금 하나씩 둘씩 돌을 얹도록 하는 것일 따름이었다. 주체들 또한 마찬가지로 틈나는 대로 한 번씩 찾아와 돌을 올리는 정도에 그친다고 한다. 11월 16일 다시 찾았을 때는 탑이 제법 기반을 갖추고 허리께까지 올라가 있었다. "한반도의 평화, 이곳에서 시작되다."고 쓰인 나무팻말이 꽂혀 있었고 한가운데 놓인 반질반질한 돌에는 '평화의 탑'이라 적혀 있었다.

틀린 것은 아니겠다 싶은 마음이 들었다. 속세와 무관하게 여겨지는 깊은 산중이기는 하지만 어찌어찌하다 보니 대립과 갈등의 한복판이 되고 말았다. 공군부대가 여기에 왜 있었을가? 한반도의 분단과 남북 대결 냉전 때문이다. 군사기지가 철수한 뒤로는 가로늦게 사드를 배치하느니 마느니 논란이 되기도 했다. 한반도 남북의 분단과 대립이 동아시아 차원으로 전개되면서 중국과 미국이 맞서는 바람에 생겨난 일이었다. 대립과 갈등은 습지를 둘러싸고도 벌어진다. 2000년대에는 KTX 원효터널 굴착과 이에 맞서는 도롱뇽 소송이 있었고 2010년대에는 천성산 정상 개발과 이에 맞서는 습지 복원과 보전이 현재진행형이다. 그러고 보니 원효 사상의 핵심이 화쟁和諍이라는 말을 들었던 기억이 난다. 화쟁을 요즘 말로 쉽게 말하면 화해+소통이 되는 모양이다. 화해+소통으로 화쟁이 이루어지면 갈등과 대립을 뛰어넘기는 식은 죽 먹기다. 원효 스님의 전설이 어린 이 천성산에서 팻말처럼 한반도 평화가 시작될 수 있으면 얼마나 좋을까.

19. 밀양 재약산 사자평

아름다운 억새 물결도
역사의 아픈 흔적

사자평 억새밭 한가운데 내어 놓은 등산로.

재악산과 재약산

〈신증동국여지승람〉 밀양도호부 항목을 보면 "종이·차茶와 피리 만드는 대나무笛竹가 영정사靈井寺에서 난다"고 적혀 있다. 스님들이 생산해 조정에 공물로 바친 물품인가 보다. 영정사는 지금 표충사가 되어 있고 표충사는 재약산載藥山에 들어 있다. 그런데 〈신증동국여지승람〉은 "(재약산이 아닌) 재악산載嶽山에 영정사가 있다"고 적었다.

이를 근거로 삼아 일제강점기 민족문화 말살정책에 따라 재악산이 재약산으로 바뀌었다며 원래대로 바꾸어야 한다는 주장이 나와 있다. 그래서 지난해 표충사는 산문을 새로 만들면서 현판에 재악산이라 썼다. 하지만 '재약산'은 1858년 제작된 표충사 지장보살탱화의 화기畵記에 이미 나온다. 일제강점보다 52년이 앞서는 시기다.

'재약산 표충사에서 불사를 크게 일으켜 지장전에 봉안한다載藥山表忠祠大作佛事奉安于此地藏殿·재약산표충사대작불사봉안우차지장전.'

여기서 표충사는 사당을 뜻하는 표충사祠다. 이 사당은 표충사寺 절간 안에 있다.(사당 표충사는 밀양 출신인 사명대사를 크게 모신다. 임진왜란 때 승병을 일으키고 일본에 포로로 끌려간 백성을 구출해 온 공을 인정해 나라에서 세웠다. 표충사는 원래 밀양 영축산 자락에 있었는데 1839년 영정사 자리로 옮겨 지금에 이르렀다)

재약산은 천황산·능동산·가지산·운문산·억산·배내봉·간월산·신불산·영축산·향로산 등 1000m급 산악들을 실었다는 뜻인 듯하고 재악산은 약수와 약초를 머리에 이었다는 얘기가 아닐까 싶다. 1960년대 만들어진 표충사 안내도를 보면 특이하게도 '약물약수' 표시가 북쪽과 동쪽에 하나씩 두 군데 되어 있다. 약수는 표충사 이전 절간 이름인 영정사와도 관련이 되어 있다.

신령스러운 우물과 사자평

표충사 공식 기록을 따르면 처음 시작은 654년으로 신라시대가 된다. 원효스님이 재약산에 터를 잡아 죽림정사竹林精寺를 지었다.(지금도 대광전 뒤편에 대숲이 우거져 있는데 아주 명품이다) 이어 인도 출신 황면黃面선사가 여기에 829년 삼층석탑을 세우고 인도에서 가져온 석가모니 진신사리를 모셨다. 이와 함께 우물을 파고 약수를 얻어 사람들을 치료하기 시학했다. 당시 임금이 흥덕왕이었는데 셋째아들이 요즘 말로 살갗이 썩어문드러지는 한센병을 앓았다. 옛날에는 문둥병이라 하여 하늘이 내리는 형벌천형·天刑으로 인식되었다. 그런데 황면선사한테 보내어 절간에서 나는 물을 마시고 그 물로 씻고 했더니 셋째아들이 깨끗하게 나왔다.

임금이 감격하여 "죽림정사에서 나는 산초山草와 유수流水가 모두 약초와 약수"라 하면서 신령스러운靈 우물井이 있는 절간寺 영정사로 이름을 바꾸게 했다. 이는 대광전 맞은편 우화루雨花樓에 있는 편액 '古靈井고영정'으로 그 흔적을 남겼다. 영정사의 신령스러운 우물은 산꼭대기 사자평과 이어진다. 재약산 정상 수미봉 동남쪽 비탈 해발 700~800m에 자리잡은 억새평원으로 2006년 12월 28일에 습지보호지역으로 지정이 되었다.

표충사를 끼고 오른쪽으로 해서 자드락길을 오르면 산마루 가까이에서 사자교를 만나게 된다. 조그만 콘크리트 다리인데 사자평으로 이어지는 들머리가 된다. 아래에서 여기까지는 사방이 깎아지른 절벽이었지만 이 다리를 건너면서부터는 왼쪽에서 오른쪽으로 비스듬한 평지가 이어진다. 여기서부터 사자평에 해당되는데 여기에는 물이 솟아나는 자리가 여럿이다. 모두 아홉 군데라고 한다.

한 때 크게 다쳤던 습지

사자평에게는 50년도 더 묵은 상처가 하나 있었다. 1960년대 박정희 정권 시절 만든 군사작전도로가 그것이다. 작전도로가 군사용으로 효용을 다한 다음에는 민간 지프들 차지가 되었다. 이른바 '오프로드'를 즐기는 민간인들이 지프를 끌고 와서 도로를 누벼댄 것이다. 2000년대 초반까지 그랬다. 때문에 도로는 풀과 나무가 자라지 못했고 지반 또한 흐물흐물해지고 말았다.

풀이나 나무가 자라나 있으면 그 뿌리들이 흙을 붙잡았을 텐데 그러지 못하다 보니 비가 내릴 때마다 허물어지기 시작했다. 특히 엄청나게 비를 뿌린 2002년 태풍 루사와 2003년 태풍 매미에 표시가 나게 파였다. 그러다가 태풍 에위니아가 집중호우를 뿌린 2006년에는 돌이킬 수 없는 생채기가 생겼다. 군사작전도로를 따라 위에서 아래로 굵고 길게 두 군데가 파였다. 너비가 15~30m이고 깊이가 5~10m이며 길이는 둘을 합하면 4km는 족히 되었다. 작은 골짜기라 할 만했다. 여기서 바위와 자갈과 모래와 흙이 엄청나게 쏟아져 내려가 쌓이는 바람에 아래 단장천이 사상초유로 범람하는 사태까지 벌어졌다.

산허리가 이렇게 되면 산마루에서 사자평으로 자연스럽게 흘러들던 빗물이 파인 골을 따라 곧바로 빠져나가게 된다. 물이 습지로 스며들지 못한 채 그냥 흘러나가면 따로 물이 솟는 자리가 있다 해도 습지는 메말라지게 마련이다. 2006년 12월 28일 사자평이 습지보호지역으로 지정되면서 이런 상처를 다스려야 한다는 소리가 높았던 이유다. 우여곡절 끝에 경남도청과 환경부가 밀양시청과 함께 2008년 복구 작업을 벌이게 됐다. 그런데 이 복구가 '사방砂防사업 차원에서 접근한' 엉터리였다.

여러 차례 태풍과 호우로
군사작전용 오프로드 부분이 깊고 넓게 파여나갔다.
2006년 11월 모습이다.

작전도로가 파여 나가면서 생겨난 골짜기를 그대로 두었다. 다만 골짜기 바닥을 직선으로 곧게 다듬고는 위에 바위를 깔았다. 이러면 더 이상 토사가 쓸려나가지는 않는다. 동시에 둘레 습지로 물이 스며드는 일도 일어나지 않는다. 스며들 틈도 없이 흘러내려가기 때문이다. 그러니까 습지를 복원하는 공사가 아니었다. 그냥 물이 잘 빠져나가도록 배수로를 내는 공사였던 것이다.

파여나갔던 오프로드 부분을 흙으로 되메운 다음 억새를 새로 심었다.
2017년 10월 모습이다.

억새밭 가운데에 물길을 내는 경우에도
물길끼리 만나는 지점에는 우물을 설치해
땅이 물을 머금을 수 있도록 했다.
아래쪽에 우물 덮개가 조금 보인다.

보통 이런 잘못을 저지르고 나면 그 잘못을 바로잡는 결정을 하기가 더 어려운 경우가 많다. 그런데 환경부가 그렇게 해냈다. 2012년 창원대학교 산학협력단에 연구 용역을 맡겨 앞선 공사가 잘못되었다는 평가를 받았다. 그러자 이듬해인 2013년 곧바로 사자평 생태복원사업에 나서 2015년에 마무리지었다. 초점은 인공으로 배수로를 내는 바람에 가로막힌 물의 흐름을 원래대로 되살려 습지가 물기를 더 많이 머금을 수 있도록 하는 데에 맞추었다. 먼저 배수로를 다시 메워 2002년 이전으로 돌렸다. 다음에는 습지 쪽으로 물길을 내고 물길이 마주치는 데에는 웅덩이를 만들어 물이 땅 속으로 스며들 수 있도록 했다. 이렇게 한 덕분에 지하수 수위도 높아졌고 습지식물도 많아졌다. 낙동강유역환경청에 따르면 연평균 지하수위가 2013년 지표 아래 34.9cm에서 16년 11.9cm로 불쑥 높아졌다. 물기를 좋아하는 진퍼리새와 골풀, 꽃창포 같은 풀들이 무리지어 자라는 등 차지하는 면적이 부쩍 늘어나고 있다.

버드나무와 진퍼리새

사사평을 대표하는 습지식물로는 물억새가 으뜸으로 꼽힌다. 수미봉이 멀리 보이는 기슭에서부터 건너편에 이르기까지 너르게 무리를 지었다. 한가운데로는 깊은 산중답지 않게 물이 끊어지지 않고 흐른다. 양쪽 비탈에서 물을 받아 모래나 자갈도 함께 굴린다. 이것이 표충사에서는 약물로 솟아나고 그 아래에 모여서는 단장천을 이루어 흐른다.

물론 습지식물은 물억새 말고도 많다. 나무로는 먼저 버드나무가 있다. 바람 따라 파도치는 억새평원을 배경으로 삼아 드문드문 자리잡고 있다. 평원 한가운데서 상하좌우로 흔들리며 곡선미를 뽐낸다. 이런 깊은 산중에서 버드나무를 보는 것이 흔한 일은 아니다. 풀로는 억새 다음으로 진퍼리새가 꼽힌다. 억새밭에도 있고 나무숲 아래에도 있다. 줄기는 집단을 이루면서 우묵하게 자라고 뿌리는 원뿌리와 곁뿌리의 구분이 없이 수염처럼 많이 뻗어나 자란다. 이것들이 흙도 꽉 움켜쥐고 물도 흠뻑 머금는다. 진퍼리새 뿌리가 이런 역할을 멈추면 흙도 물도 비탈 아래로 죄다 쓸려 내려간다. 사자평을 계속해서 습지로 유지시켜주는 1등공신인 셈이다.

사자평 곳곳에서 무리지어 자라는 습지 지표 식물 진퍼리새.

진퍼리새가 수북한 쪽을 헤쳐 보면 물이 흥건하게 고여 있는 위로 기름띠가 누렇게 나타나 있기 십상이다. 식물이 죽어 썩을 때 나오는 기름기다. 습지에서는 식물이 생명을 다하여 죽어도 완전 분해는 되지 않고 부분적으로만 분해된다. 부분 분해되고 남은 것들이 계속 쌓이면 이탄층泥炭層이 된다. 이는 스펀지처럼 물을 머금고 쉽게 빠져나가지 못하게 한다. 억새와 진퍼리새는 이처럼 죽어서도 살아서도 물을 머금는다.

사자평에서 종종 마주하게 되는 버드나무.
느릅나무 뽕나무와 함께 물을 좋아하는 습지식물이다.

덕분에 2017년 10월 21일 사자평에서 여러 꽃들을 볼 수 있었다. 잔대는 이미 꽃도 지고 잎도 시들어 버린 상태였다. 용담은 어지간해서는 한두 포기도 보기 어려운 풀이지만 여기서는 자주색 꽃을 매단 채 곳곳에 있었다. 붉은 꽃을 방울 모양으로 매단 산부추도 적지 않았다. 더하여 가느다란 꽃대에 하얗게 꽃이 올라앉은 방울새란도 눈에 띄었다. 바닥 가까이 줄기에서 하얀 꽃잎 다섯 장을 펼친 물매화도 있었다.

낙동강유역환경청의 사자평 감시원 이병주씨는 식물뿐 아니라 동물도 크게 늘어났다고 말한다. "삵은 물론이고 담비도 많아졌어요. 아침에 올라와서 감시카메라를 들여다보면 담비가 종종 찍혀 있어요. 또 목에 이빨 자국이 난 채 죽어 있는 노루나 고라니도 자주 보는데요, 담비가 그랬겠지요." 담비는 우리나라 생태계 먹이사슬에서 호랑이(멸종) 다음 자리에 놓인다. 이병주씨는 삵의 똥도 알려주었는데 다가가 살펴보니 짐승털이 섞여 있었다. 삵은 육식성이다.

손바닥만 한 고사리분교

사자평은 물이 나는 덕분에 깊은 산중이지만 마을을 이룬 적도 있었다. 하지만 보통 생각처럼 다닥다닥 모여 살지는 않았다. 소설가 배성동은 2013년 펴낸 답사기 〈영남알프스 오디세이-억새야 길을 묻는다〉에서 이렇게 적었다. "사자평마을은 십 리 간에 집들이 뚝뚝 떨어져 있었다. 재약산 아래 양지바른 땅에 두서너 집 있었고, 주개 대가리에 한두 집, 칡밭 인근에 두 집, 또 함석 막사가 있는 사자평 목장에 두 집 정도였다."

사자교를 지나자마자 나타나는 고사리분교(정식 이름은 산동초등학교 사자평분교)터는 그런 사람살이의 흔적이다. 처음에는 화전민이 쓰던 흙집을 쓰다가 나중에 콘크리트로 교실을 새로 지었다. 지금은 건물은 사라지고 교적비만 남았다. 1997년 세운 빗돌에는 '1966년 1월 29일 개교하여 졸업생

고사리분교가 있던 자리.
건물은 사라지고 교적비가 남았다.

고사리분교 자리의 나무와 바위.
여기 앉아서 아이들은 봄이면 따사로운 햇살을 누리고
가을에는 찬란한 단풍을 즐기지 않았을까.

36명을 배출하고 1996년 3월 1일 폐교되었음'이라 적혀 있다. 1966년이면 정부가 여기저기 흩어져 살던 화전민을 사자평 일대로 끌어 모으던 시점이다. 이 조그만 학교가 그 구심 노릇을 했을 수 있겠다. 지금도 운동장 자리는 맨 땅이 드러나 있지만 교실 자리는 억새가 우거져 있다. 둘 다 손바닥만 하다. 왼쪽으로 단풍나무가 두 그루 둥글게 어우러진 모습이 멋지다. 아래에는 앉아 놀기 좋도록 바윗돌 셋이 나란하다. 아이들은 여기서 야외수업도 심심찮게 했겠지.

억새밭도 사람살이의 자취를 품었다. 탐방로 오른쪽 골짜기 건너편에 억새밭이 층층을 이루고 있다. 농사짓던 사람들이 떠난 뒤 밭자리에 억새가 비집고 들어가 자라는 바람에 그리 되었다. 가서 보면 그 때 사람들이 둘레에 만들었던 언덕과 두둑이 그대로 있다. 탐방로 가까이에 비탈진 억새밭에서도 사람들은 가축을 키우거나 밭농사를 지었다.

1990년대 들어 재약산을 소유한 표충사가 이들을 사자평에서 나가 도록 했다. 사자평 사람들은 농사도 지었지만 자기가 기르던 가축을 장 만해 등산객들한테 파는 장사도 했다. '살생을 하지 말라'는 예나 이제나 부처님의 으뜸 가르침이다. 적어도 경내에서는 살생이 이뤄지지 않아야 한다는 취지에서 사람들을 내보냈었다. 이렇게 해서 사람이 사는 민가 는 1997년에 없어졌고 고사리분교는 그보다 한 해 전에 문을 닫았다.

일제가 스키장 만들려다 생겨난 억새밭

소설가 배성동이 쓴 〈영남알프스 오디세이〉는 2013년에 출간된 책 이지만 내용은 1990년대 중반 이전, 어쩌면 80년대인 것도 같다.

"소장수는 억새 수풀을 헤집었다. …… '허리까지 차는 억새밭 걷기가 여간 힘들지 않다. 비 오는 날이면 더 힘들고, 해 뜨기 전에는 아침 이슬에 옷이 흠뻑 젖어'라며 투덜거렸다. …… 소장수는 '사자평은 소 천국이었어. 목장에는 풀어 놓은 소가 수백 마리도 더 되었지'라고 말했다."

책에는 노인도 한 명 나온다.

"노인은 자신이 사자평에서 도자기를 굽던 도공의 후예라고 밝혔다. '지금도 사자평에는 선조 도공들이 굽던 도요지가 있고, 깨어진 조각도 나와.'"

해방 전에는 도자기마을로 대엿 집밖에 없었지만 한국전쟁 이후 많 을 때는 여든 집이 넘었다는 말도 했다. 그러면서 "떠나고 싶어도 100만 평 넓은 땅, 검은 노다지를 두고 갈 수가 없었어. 검은 흙은 감자나 당근, 도라지, 더덕, 참나물, 고사리, 칡 농사가 잘 되었지'라며 떠나지 못하는 이유를 밝혔다."

작가는 노인에게서 억새밭이 생겨난 경위도 듣고는 옮겨 적었다.

사자평 억새밭에서 바라본 재약산 정상.

"…… 노인이 주절대는 말들의 아귀를 여차여차 꿰맞춰 보면 이러했다. 본래 사자평은 군데군데 숲이 우거졌었다. 그런데 일제강점기에 일본인들이 스키장을 만들기 위해 마구잡이로 나무를 베어버리는 바람에 온통 억새밭으로 변하고 말았다. 노인의 말이 사실이라면 지금 가을 정취를 물씬 일으키는 사자평도 일제 식민지의 잔재라는 아픈 역사를 감추고 있는 것이 분명했다."

지금 사자평 억새는 사람키보다 더 크게 자라 있다. 위를 가리는 나무가 없기 때문이다. 일제 스키장 조성 공사 이전에는 아마 오종종했을 것이다. 나무 아래서는 햇볕을 제대로 못 받는 탓인지 훌쩍 자라지 못하기 때문이다.

사자평은 여러 사연을 품은 채 재약산 산마루에 바짝 붙어 있다. 아름답고 훌륭하고 좋은 사연만으로 이루어지는 역사는 이 세상에 없다. 아름답지 않고 훌륭하지 못하고 가슴 아픈 사연도 뒤섞여 있다. 사람들은 가을이 되면 하얗게 출렁이는 억새 파도를 보기 위해 재약산을 오른다. 그러나 정작 사자평은 사람들이 알든 모르든 상관없이 갖은 사연을 품은 채로 여기 이렇게 있다.

20. 창녕 비봉리 패총

태풍 덕분에 세상에 나온 8000년 전 사람살이

비봉리패총전시관의 바깥 벽면에 설치된 농경 장면.

태풍 매미의 악몽

2003년 추석 연휴는 끔찍했다. 태풍 '매미'가 한반도에 머무른 시간은 12시간도 되지 않았다. 추석 다음 날인 9월 12일 오후 3시 제주도 근접과 저녁 8시 30분 남해안 상륙을 거쳐 이튿날 새벽 2시 30분 동해상 진출에 이르기까지. 하지만 매미는 강풍과 폭우로 경상도를 서남에서 북동으로 비스듬히 지르면서 엄청난 피해를 남겼다.

바다는 만조가 겹치는 바람에 최고 4m를 넘는 해일이 해안을 덮쳤다. 산골에서는 빗물이 계곡으로 쏟아져 몰리면서 비탈이 사태 졌다. 바닷가 마산에서는 젊은이들이 건물 지하에서 해일을 만났고 화왕산 산기슭 창녕에서는 한 집안이 고스란히 흙더미에 묻혔다.

상류에서 빗물을 받아 안아 부풀어 오른 낙동강은 경남에 이르러 남강·밀양강 같은 지류와 토평천 같은 지천으로 거슬러 올랐다. 낮은 데서 높은 데로 오르는 역류였다. 역류는 상류에서 밀려내려오는 빗물과 맞닥뜨리면서 한 번 더 요동쳤다. 그 탓에 우포늪을 둘러싼 대대제방을 비롯해 창녕·의령·합천 등 곳곳에서 제방이 터졌다. 건물이 잠겼고 인명은 스러졌다. 14개 시·도 156개 시·군·구의 1657개 읍·면·동에 특별재해지역이 선포되었다.

비봉리 양·배수장 유수지

창녕 부곡면 비봉리 양·배수장도 침수를 피하지 못했다. 비봉리 마을은 동서 방향으로 길게 늘어서 있다. 뒤편 북쪽에는 월봉산이 자락

을 펼치고 마주 보는 남쪽에는 비룡산이 솟아 있다. 동쪽으로 청도천은 북에서 남으로 흐르면서 마을서 나오는 개울물을 받아들인다. 비봉리 양·배수장은 이 개울 수위를 조절한다. 물이 모자라면 청도천에서 양수하고 물이 넘치면 청도천으로 배수한다. 그래야 마을 앞 들판을 온전하게 보살피고 지킬 수 있다.

한국농어촌공사는 2004년 4월 비봉리 양·배수장 확장 공사를 시작했다. 매미보다 더한 폭우도 감당할 수 있도록 펌프 용량을 늘리고 그에 걸맞게 물이 머무를 유수지遊水池를 새로 파는 작업이었다. 이렇게 바닥을 덜어내자 묻혀 있던 조개층이 모습을 나타냈다. 옛적 사람들 살았던 자취였던 것이다.

공사는 중단되었고 발굴이 시작되었다. 국립김해박물관이 2004년 11월 30일~이듬해 8월 23일, 2010년 3월 15일~10월 9일 두 차례 진행했다.

비봉리 양·배수장 일대는 2007년 8월 28일 '창녕 비봉리 패총'으로 사적 제486호에 지정되었다. 패총은 조개더미다. 조개더미는 지금으로 치면 쓰레기장이다. 먹고 남은 뼈나 껍데기 또는 쓸모가 없어진 생활용품을 여기 내다버렸다. 조개무지는 정착 생활의 증거다. 떠돌아다녔다면 쓰레기가 쌓일 리 없기 때문이다. 비봉리 패총은 다섯 층으로 구분된다. 아래 세 층은 8000년 전~6500년 전, 위 두 층은 각각 6500년 전~5500년 전과 5500년 전~4000년 전으로 짐작된다.

물이 고여 있는 자리가 비봉리패총 발굴 현장이었다.
오른쪽 건물은 양배수장인데 지금은 건너편으로 옮겨갔다. ⓒ문화재청

가장 아래 다섯 번째 층에서는 소나무 쪽배가 나왔다. 통나무 속을 파내어 만든 배로 세계적으로도 가장 오래된 축에 들 만큼 귀한 유물이다. 넷째 층에서는 토기와 자돌구刺突具, 작살·창 끝에 붙여 찌를 수 있도록 짐승뼈로 뾰족하게 만든 도구가 나오기 시작했으며 셋째 층에서는 그물추가 나오기 시작했다. 둘째 층에서는 돌도끼와 갈돌, 노삿대와 함께 당대인들의 예술 감각을 엿볼 수 있는 멧돼지무늬토기가 나왔다.

눈길을 끄는 유물은 가장 위층에 많았다. 우리나라 최초 똥 화석과 망태기가 나왔으며 장신구裝身具도 발견되었다. 몸을 치장하는 일은 먹고 사는 일의 고달픔에서 조금이나마 벗어난 다음에나 가능하다. 아울러 아래층에서 자돌구와 그물추가 나온 데 이어 낚싯바늘도 새로 나타났다. 그물보다 낚싯바늘이 더 새로운 어로 수단이었을까? 이처럼 조그만 유적에서 이토록 엄청난 유물이 쏟아지는 것도 드문 일이다.

비봉리패총에서 발견된 8000년 전 나무배. ⓒ문화재청

비봉리패총에서 발견된 멧돼지무늬토기.
우리나라에서 가장 오래된 것이다.

무엇을 먹었을까? 재첩·굴·꼬막 껍데기가 나왔다, 민물과 짠물이 만나는 기수역氣水域에서 잘 자라는 것들이다. 일대가 지금은 내륙 한가운데지만 당시는 바닷가였다. 여기에 더해 상어 척추와 가오리 꼬리뼈, 잉어 이빨도 나왔다. 사슴·멧돼지·개·늑대·호랑이·소·물소·고라니·쥐처럼 네발짐승의 뼈도 나왔고 꿩·오리 같은 새도 뼈가 발굴되었다. 사슴이 가장 많았고 멧돼지·개가 다음으로 많았다. 고고학에서는 사슴·멧돼지는 사냥감이고 개는 사육감으로 본다.

식물로는 도토리·가래호두 비슷한 가래나무 열매·솔방울·조가 나왔다. 당시는 솔방울도 특정 부분을 먹었나 보다. 저장 구덩이도 90개가량 되었다. 남서쪽에서 북동쪽으로 등고선을 따라 포물선 모양으로 이어져 있었다. 당시 해안선이어서 여기 이들 갯벌 구덩이에 바닷물이 들어왔을 것이다. 옛날 사람들도 도토리에서 떫은맛을 내는 타닌 성분을 없애는 데 짠물이 효과적인 줄 알고 있었다. 조는 불에 그을린 채 발견되었다. 농경의 산물인지 아니면 채집의 결과인지는 잘 분간되지 않는다고 한다.

창녕비봉리패총전시관

양·배수장은 '창녕비봉리패총전시관'으로 탈바꿈했다. 지하 1층과 지상 1층은 전시 공간으로 가꾸었다. 발굴 현장을 재현해 놓는 한편으로 발굴에 썼던 도구와 기록도 갖추었다. 토기는 대부분 진품이지만 재료가 나무·풀이거나 짐승뼈인 것은 복제품이 더 많다. 가래·도토리·솔방울·씨앗 등도 복제품이지만 옛날 느낌이 나게 해서 내놓았다. 진품은 국립김해박물관에 있다. 토기 재료인 흙은 썩지 않지만 나무·풀·뼈는 썩는다. 썩지 않게 보존 처리하는 시설은 국립김해박물관에 있다.

유물이 나오기 전 유수지였던 데는 흙으로 덮고 잔디를 깐 다음 호랑이·멧돼지·사슴 모형을 세웠다. 건물 겉면은 여기서 출토된 여러 토기 무늬와 멧돼지 모양을 재현해 놓았다. 잔디밭에 내려가면 마주 보이는 벽면에는 신석기인들의 모습, 들판에서 사냥하는 수렵과 바다·강에서 물고기를 잡는 어로, 나무와 풀에서 열매나 씨앗을 거두는 채집도 나타내었다.

창녕 비봉리 패총 발굴 현장은 주변과 같은 높이로 매립되어 위에는 이처럼 호랑이 사슴 멧돼지 모형이 세워져 있다.

비봉리패총전시관의 바깥 벽면(어로).

비봉리패총전시관 발굴 당시 지층을 재현해 놓았다.

눈길을 사로잡고 발길을 끌어당기는 현장감은 그다지 크지않다. 그래도 공간을 나름 그럴듯하게 꾸며 역사·문화적으로 중요한 유적이 발견된 자리라는 장소성을 살려놓았다. 전시관에 제자리를 내어준 양·배수장은 맞은편 기슭으로 이사를 마쳤다. 창녕비봉리패총전시관은 2017년 4월 1일 문을 열었다.(관람료 없음).

습지의 원형과 인간 삶의 바탕

지금 전시관으로 바뀐 양·배수장과 유수지는 원래 논이었다. 대략 1000㎡ 정도 된다. 엄청난 유물이 발굴된 조개더미는 그러니까 요 조그만 넓이의 논바닥 아래에 있었다. 신석기시대 일대 지형을 떠올려보면 이렇게 생겼다.

서쪽에서 동쪽으로 흘러가는 여기 낙동강이 당시는 바다였다. 이곳으로 청도천이 북에서 남으로 흘러든다. 지금 청도천은 4㎞를 더 가야 낙동강과 만나지만 당시 청도천은 비봉리 유적까지만 민물이었다. 청도천은 비봉리 어귀에서 갑자기 넓어지면서 양쪽으로 편평한 저습지를 이루고 있(었)다. 그런 저습지가 바다와 만나는 경계선에는 모래톱이 길게 쌓였을 것이다. 지금도 두 흐름이 만나는 데서는 그와 같은 모습을 흔히 볼 수 있다. 긴 모래톱은 안쪽을 물결 잔잔한 호수처럼 만들었다.

신석기시대 비봉리 사람들은 이런 환경에서 살았다. 청도천 쪽에서는 잉어를 거두고 민물과 짠물이 뒤섞이는 데서는 재첩과 꼬막을 잡았으며 갯벌에서는 조개를 캤다. 때때로 소나무 쪽배를 타고 노를 저어 바다에 나가 상어나 가오리도 잡았다. 비룡산·월봉산에서는 도토리·솔방

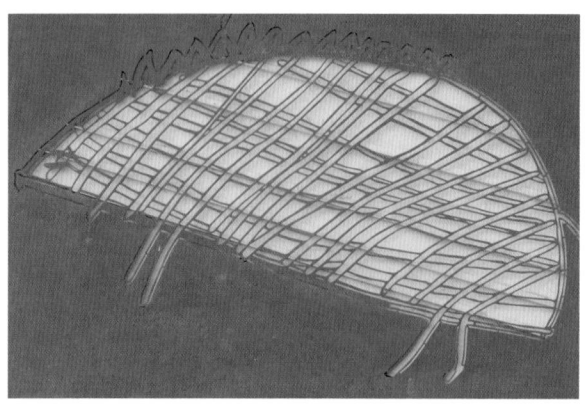
멧돼지무늬토기를 바탕삼아 새로 구성한 멧돼지 모습.

울·가래를 따고 사슴·멧돼지를 사냥했으며 골짜기를 타고 내리다 부채처럼 펼쳐지는 선상지 들판에서는 조 같은 곡물 씨앗을 얻었다. 움막은 지금도 마을이 형성되어 있는 따뜻한 남향 산기슭에 장만했을 테고.

옛날 상황에서 보면 비봉리보다 살기 편한 데는 그리 많지 않았다. 바다와 하천은 풍성한 먹을거리도 보장하고 안전한 교통로까지 제공했다. 천천히 흐르는 청도천 강물을 따라서는 남북으로 오갈 수 있었고 바다를 통해서는 동서 방향 왕래를 손쉽게 할 수 있었다. 게다가 바다는 내륙 깊숙하게 들어와 있었던 덕분에 거센 파도나 깊은 흐름 같은 위험이 제거된 상태였다. 토기는 물가에 지천으로 널린 흙으로 빚으면 되었고 움막이나 망태기를 만드는 데는 갯벌에 우묵하게 자라는 갈대·물억새 따위 풀들을 갖다 쓰면 그만이었다. 비봉리 유적은 인간의 삶이 습지에서 비롯되었음을 제대로 일러주고 있다.

낙동강 둘레가 두루 편한 삶터

비봉리보다 더 편한 삶터는 드물었지만 그에 버금가는 데는 적지 않았다. 비봉리 사람들이 소나무 쪽배를 타고 건너다녔을 바다(지금 낙동강) 맞은편 창원 주남저수지 바로 옆에는 철기 시대 다호리 고분군이 있고 산남저수지 어름에는 합산패총이 있다. 비봉리에서 동남쪽으로 10㎞가량 떨어진 밀양 하남들판 한복판 백산에도 조개더미가 있다. 지금 낙동강이 휘감아 흐르는 밀양·창녕·창원 등지에는 이 밖에도 제대로 알려지지 않은 조개더미가 수없이 많(았)다.

태풍 매미는 분명 끔찍한 비극이었지만 이렇게 작으나마 선물도 남겨주었다. 그림자만 있고 빛이 없는 경우는 언제나 없다. 비봉리 양·배수장이 태풍 매미로 물에 잠기는 바람에 갖은 중요한 유물을 발굴할 수 있었고 이것들은 이후 한반도 내륙에서 가장 오래된 신석기 유적으로 확인되었다. 게다가 물에 젖은 습지였기 때문에 열매·씨앗·망태기·나무배·짐승뼈 따위가 수천 년 세월을 건너뛰어 썩지 않고 제 모습을 간직할 수 있었다.

당장 이루어지긴 어렵겠지만 그래도 품어보는 바람 하나. 전시관 옆 들판 논바닥 아래 지층은 비봉리 유적과 연장선에 있다. 논 전체는 늘려 잡아도 20만㎡ 정도다. 나라에서 이를 통째 사들여 발굴을 한다면 정말 귀중한 유물이 엄청나게 쏟아져 나오지 않을까.

에필로그

멀리서 보는 습지는 아름답다. 하지만 속으로 들어가면 인간이 습지를 얼마나 함부로 대하는지 그 흔적들을 너무도 쉽게 볼 수 있다. 이번 습지 탐방은 우리 인간이 망가뜨린 적나라한 현장을 두 눈으로 확인하는 과정이기도 했다.

해안에는 그물, 브이, 유리병, 페트병 따위가 밀려온 파도 끝에 수북이 매달려 있다. 냇가에는 수풀더미로 대충 눈가림을 하고 있는 쓰레기 더미가 쌓여있고, 낚시꾼들이 버린 찌, 바늘, 밑밥, 라면 따위는 흐물흐물 습지 속으로 녹아든다. 냉장고, 텔레비전, 전축, 선풍기, 밥솥 등 온갖 가전제품이며 자전거, 타이어, 의자, 소파, 찬장, 씽크대, 침대매트, 옷가지, 과자 봉지, 포장용 스티로폼 등 인간이 버린 온갖 잔해들이 패잔병처럼 구석구석 널브러져 있다. 어디 그뿐이랴! 농사용 비닐은 물론이고 용암처럼 울퉁불퉁 굳어 있는 콘크리트 더미며 군데군데 철근이 튀어나온 건축 폐기물, 그야말로 육해공군이 습지에 다 모여 들었다.

그럼에도 습지는 한없이 너그럽다. 습지가 품고 있는 풍성한 인간의 이야기에서 우리는 습지와 인간이 어떻게 공존해왔는지를 짐작한다. 신석기시대 통나무배나 청동기시대 고인돌, 가야시대 고분과 고려시대 연밥에서 인간과 습지의 조화로움을 배운다. 그러나 그 조화로움이 언제나 평화적이었던 것은 아니다. 일제강점부터는 습지를 대하는 인간의 자세가 좀 더 공세적으로 바뀌게 된다. 식민지 백성과 마찬가지로 습지도 침략과 수탈을 겪어야 했던 시기였다. 주남저수지의 주천갑문, 대가저수지의 수호탑, 두량저수지의 준공기념비, 사천강 기슭의 비행기 격납고는 뼈아픈 그 시절을 잘 말해주고 있다.

하지만 사람들은 대부분 습지에 관심이 없다. 습지에 얽힌 인간의 역사나 인간으로 말미암아 상처를 받고 있는 습지의 고통 따위에 대하여 대체로 무감하다. 그러다보니 무심히 버린 쓰레기가 습지를 어떻게 망가뜨리는지 그런 행위가 결국 우리에게 어떤 결과로 돌아올 것인지에 생각이 미치지 못하는 것이다.

흔히들 아는 만큼 보인다고들 한다. 알지 못하면 보이지 않는 법이다. 습지에 대해서 조금이라도 알게 된다면 습지가 눈에 들어오게 되고 눈에 들어오면 아끼게 되지 않을까 싶다. 마찬가지로 습지에 어려 있는 역사를 조금이라도 이해하게 되면 그만큼 습지를 사랑하게 될지도 모른다. 그런 욕심을 이 책에 담아봤다. 습지에 대하여 좀 더 많은 사람이 관심을 가지는 데 이 책이 보탬이 된다면 좋겠다.

초판 1쇄 발행 2018년 11월 29일

지은이	김훤주
펴낸이	구주모

편집책임	김주완
표지·편집	서정인
유통·마케팅	정원한

펴낸곳	도서출판 피플파워
주소	(우)51320 경상남도 창원시 마산회원구 삼호로38(양덕동)
전화	(055)250-0190
홈페이지	www.idomin.com
블로그	peoplesbooks.tistory.com
페이스북	www.facebook.com/pepobooks

이 책의 저작권은 **도서출판 피플파워**에 있습니다.
이 책 내용의 전부 또는 일부를 사용하려면 반드시 허락을 받아야 합니다.

ISBN 979-11-86351-19-2(03980)

이 도서의 국립중앙도서관 출판예정도서목록(CIP)은 서지정보유통지원시스템 홈페이지(http://seoji.nl.go.kr)와
국가자료공동목록시스템(http://www.nl.go.kr/kolisnet)에서 이용하실 수 있습니다. (CIP제어번호 : CIP2018035709)